STRATÉGIE MARITIME

A VAPEUR

DU GÉNÉRAL SIR HOWARD DOUGLAS

OUVRAGE

TRADUIT DE L'ANGLAIS AVEC PERMISSION DE L'AUTEUR

PAR

FRANÇOIS-XAVIER FRANQUET

Lieutenant de vaisseau en retraite.

AVEC LA PLANCHE DES 27 FIGURES DE LA STRATÉGIE MARITIME.

PARIS

LIBRAIRIE MILITAIRE, MARITIME ET POLYTECHNIQUE

J. CORREARD, Éditeur,

PLACE SAINT-ANDRÉ DES ARTS, 3.
Maison de la Fontaine Saint-Michel.

1862

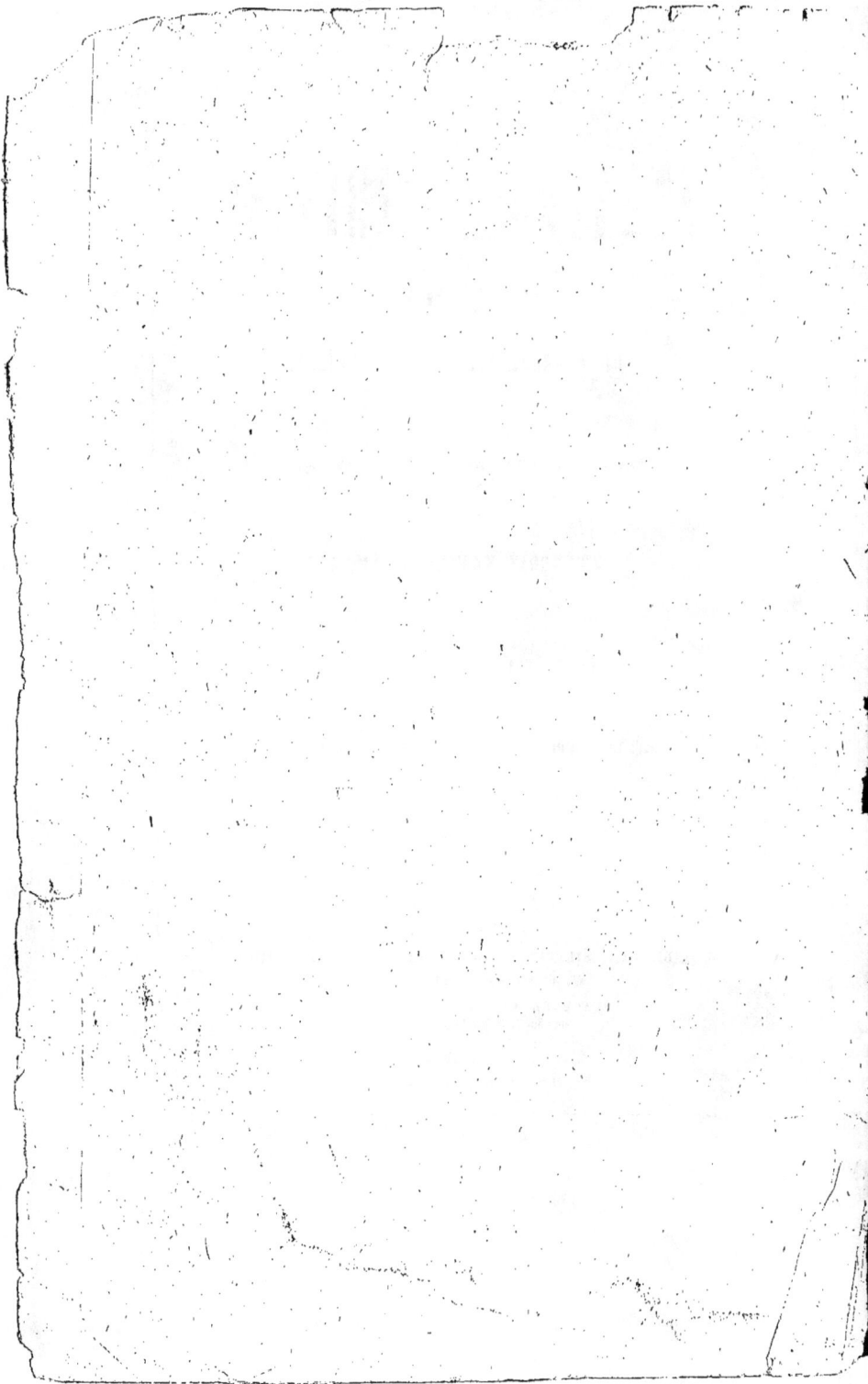

STRATÉGIE MARITIME A VAPEUR

STRATÉGIE MARITIME.

STRATÉGIE MARITIME

A VAPEUR

DU GÉNÉRAL SIR HOWARD DOUGLAS

OUVRAGE

TRADUIT DE L'ANGLAIS AVEC PERMISSION DE L'AUTEUR

PAR

FRANÇOIS-XAVIER FRANQUET

Lieutenant de vaisseau en retraite.

AVEC LA PLANCHE DES 27 FIGURES DE LA STRATÉGIE MARITIME.

PARIS

LIBRAIRIE MILITAIRE, MARITIME ET POLYTECHNIQUE

J. CORRÉARD, éditeur,

PLACE SAINT-ANDRÉ DES ARTS, 3,

Maison de la Fontaine Saint-Michel.

1862

ERRATA.

———

Page xi, ligne 15, Au lieu de : *le raccourcir*, lisez : *la raccourcir*.

— xviii, ligne 24. Au lieu de : *rème cent*, lisez : *rème portait cent*.

Au bas de la page 26, Au lieu de : *voile*, lisez : *aile*.

Page 48, ligne 1. Au lieu de : *négatif. C'*, lisez : *négatif, c'*.

— 81, ligne 23. Au lieu de : *Inq.*, lisez : *Ing.*

— 85, ligne 12. Au lieu do : *bulée*, lisez : *butée*.

— 101, ligne 10. Au lieu de : *moroques*, lisez : *morognes.*

— 114, ligne 23. Au lieu de : *deux*, lisez : *douxe.*

— 173, ligne 1. Au lieu de : *de combat obliques*, lisez : *obliques de combat.*

CONSIDÉRATIONS

PRÉLIMINAIRES

SUR LA STRATÉGIE MARITIME A VAPEUR

DU GÉNÉRAL SIR HOWARD DOUGLAS.

CONSIDÉRATIONS PRÉLIMINAIRES

SUR

LA STRATÉGIE MARITIME A VAPEUR

DU GÉNÉRAL SIR HOWARD DOUGLAS,

Par **François-Xavier FRANQUET**, lieutenant de
vaisseau en retraite.

———

La pensée de voir la France posséder en 1861 les
cinquante vaisseaux de ligne à vapeur proposés en
1854, — par l'amiral Charner dans la commission
d'enquête de l'Assemblée législative, a inspiré
au général sir Howard Douglas un ouvrage
de stratégie maritime, digne en tout point de
l'illustre auteur du *Traité d'artillerie navale*, ap-
précié depuis longtemps de ceux qui s'intéressent
aux progrès des sciences militaires dans la marine,
et qui a précédé les expériences faites sur la frégate

la Dryade en 1835. — Le nouvel ouvrage de sir
Howard est composé de deux sections précédées
d'une introduction. Dans la première section, l'auteur fait un résumé critique des progrès de la navigation à vapeur, depuis son origine au commencement du siècle jusqu'à aujourd'hui ; dans la seconde
section, il démontre la supériorité de l'ordre de
bataille en échelon, sur l'ancienne ligne de bataille
telle qu'elle est *ou était* encore recommandée, il
n'y a pas longtemps, dans *la Tactique navale,* et
telle qu'elle a été pratiquée par les amiraux dans
les guerres maritimes, depuis le milieu du dix-
septième siècle jusqu'à l'époque actuelle.

..... D'après l'opinion reçue en Angleterre, le
premier bateau à vapeur muni de roues à ailes aurait été *la Charlotte-Dundas,* qui navigua dans les
eaux de Dalswinton, en Ecosse, dès l'année 1789.
Les ingénieurs Taylor et Symington, patronés par
lord Thomas Dundas, auraient eu le mérite de
cette première réussite. Le premier bateau à hélice
(l'hélice était alors une sorte de propulseur informe
pareil à l'instrument de cuisine appelé tourne-
broche) qui ait paru en mer, aurait navigué dans
les eaux des Etats-Unis en 1804, sous la direction
de M. Stevens jeune, de New-York.

La navigation à vapeur a fait de tels progrès depuis l'apparition de la première hélice sur l'Océan, qu'à la fin de 1858 la marine royale d'Angleterre comptait (1) 218 steamers, dont 64 vaisseaux de 50 à 131 canons; 154 bâtiments de moyenne grandeur, sloops, corvettes et frégates. Elle comptait en outre 186 canonnières de 20 à 60 chevaux, et 40 navires à destination diverse, tels que remorques, annexes, magasins flottants, etc. Le *Renown*, vaisseau à deux ponts de 91 canons, et 800 chevaux, filant 12 milles à l'heure, passait pour le meilleur marcheur de la flotte anglaise.

La marine impériale de France possédait 221 steamers en tout, savoir : 30 vaisseaux de ligne de 80 à 121 canons; 37 frégates, 18 corvettes, 83 avisos, 5 batteries flottantes, 28 canonnières, 20 transports à hélice... *Le Napoléon*, vaisseau à deux ponts de 90 canons et de 960 chevaux, construit sur les plans de M. l'ingénieur Dupuy Delôme, avait inauguré dès 1848 la famille des vaisseaux rapides, que les Anglais sont en train d'imiter.

La marine russe, obligée par le dernier traité à

(1) Tous les chiffres sont puisés dans l'ouvrage du général.

concentrer ses ressources dans la Baltique, comptait sur cette mer une flotte de 40 vaisseaux, en
voie de transformation, 27 frégates de 40 à 60
canons, 70 bricks et corvettes, 40 steamers, 200
canonnières ; la flotte russe était partagée en trois
divisions, comprenant un nombre proportionné de
vaisseaux, frégates et autres bâtiments. Ses équipages étaient permanents, et organisés d'après un
système ayant beaucoup d'analogie avec les équipages de haut bord du premier empire.

Il serait superflu d'entrer dans de plus longs détails sur la composition des marines des autres puissances de l'Europe. Qu'il suffise de faire remarquer
que chaque État paraît attacher la plus grande importance à ne pas rester en arrière des progrès apportés par le dix-neuvième siècle dans le grand art
de la navigation. Les Hollandais, les Danois, les
Suédois, sont en train de transformer leurs vaisseaux
à voiles ; la Prusse a sa marine tout aussi bien que
l'Autriche ; les descendants des compagnons de
Christophe Colomb et de Vasco de Gama aspirent à
donner un nouveau lustre aux vieux pavillons de
l'Espagne et du Portugal ; nos bons voisins d'outre
Rhin voient déjà dans leurs rêves les bannières de
l'Allemagne flottant sur les canonnières cuirassées

de la Confédération germanique. On dirait que l'Europe veut rouvrir sur la vaste plaine des mers l'antique carrière des jeux olympiques.

C'est dans ces conjonctures que sir Howard, appelant l'attention des hommes d'État de son pays sur la perturbation profonde qu'a subi l'équilibre européen depuis 1815, exprime sa conviction bien arrêtée que, si la prépondérance militaire de la France est nécessaire à l'influence légitime que nous sommes appelés à exercer sur les affaires de l'Europe, la sécurité de l'Angleterre exige une prépondérance maritime parallèle, et voyant avec une certaine appréhension les accroissements constants de la marine française depuis un certain nombre d'années, il rappelle un propos de M. Daru qui, dans la séance du 25 janvier 1851, de l'enquête parlementaire, aurait dit que 24 frégates à vapeur, 24 transports, 3 corvettes et 3 avisos concentrés à Dunkerque, Cherbourg ou Brest, suffiraient pour débarquer trente mille hommes et trois mille chevaux, sur un point quelconque de l'Angleterre ou de l'Irlande.

Dans notre humble sphère, nous ne laissons pas que de faire le vœu le plus sincère pour que les appréhensions de l'honorable général n'aient jamais l'occasion de se réaliser ; la modération bien connue du prince qui préside aux destinées de notre patrie, et l'état de l'opinion publique sur l'une et l'autre rive de la Manche, ne permettent pas de supposer que d'ici longtemps il puisse en être autrement, et l'idée de voir immoler les libertés de l'Angleterre par la nation qui a fait prévaloir en Europe les immortels principes de 89, répugne à tout esprit sensé. Grâce à Dieu et au traité de commerce, il s'agit aujourd'hui pour nos marins de toute autre chose que de transporter des soldats sur les rivages de l'industrieuse Albion, et l'accueil fait au rendez-vous donné pour l'exposition universelle de 1862, témoigne de tout autre sentiment que l'antique inimitié qui, pour le malheur du monde, a jadis divisé les deux grands peuples de l'Occident.

C'est uniquement au point de vue du progrès général de la navigation que nous avons envisagé le nouveau et très-remarquable ouvrage du général Howard Douglas, et nous nous proposons de faire ressortir celles de ses propositions qui nous paraissent avoir l'objet le plus actuel d'utilité pratique. Si l'Angleterre a un intérêt supérieur à toute autre nation à ce que l'arrière de ses vaisseaux à hélice soit pourvu d'une solidité suffisante, s'il est à propos que ses hélices aient les meilleures formes pour agir dans l'eau d'une manière continue et sans secousse, on ne saurait nier que, proportion gardée du nombre de leurs bâtiments de guerre ou de commerce, la marine française et les autres marines du continent n'aient des intérêts identiques.

C'est un axiôme reçu en matière de constructions navales parmi les marins, que tout ce qui n'est pas nécessaire est nuisible; retournons la proposition et disons que rien de ce qui est nuisible ne saurait être nécessaire, et faisons-en l'application à l'une des propositions, à notre avis la plus essentielle, contenue dans la première section de l'ouvrage de sir Howard : celle qui a pour objet la réduction du puits des vaisseaux à hélice à son minimum de dimension.

Dans la navigation isolée comme dans la navigation en escadre et dans les évolutions navales, la première qualité d'un vaisseau est de bien gouverner; le gouvernail est comme l'âme du navire : son action, pour changer la direction du mouvement, devrait être aussi rapide que la pensée. Les anciens vaisseaux à voile étaient parvenus, sous ce rapport, à un degré de perfection relative; il n'en est pas de

même aujourd'hui sur les vaisseaux à hélice. Malgré les avantages inhérents à ce nouveau mode de
propulsion, l'hélice est sujette à certains inconvénients qui pourraient devenir compromettants.
Placée à l'arrière du vaisseau, l'hélice est exposée
à s'embrouiller dans les cordages à la traîne, les
épaves, les amarres, les filets, etc. ; son action peut
d'un moment à l'autre se trouver paralysée et le
vaisseau être mis dans l'impossibilité de gouverner.
C'est un inconvénient majeur que sir Howard propose de prévenir au moyen de coupe-cordes en
acier qui seraient solidement établis à demeure
sur le cadre de l'hélice.

Si le procédé des coupe-cordes était efficace, ce
serait certainement un grand progrès. Mais ils ne
soustrairaient pas l'hélice à l'inconvénient des avaries qui peuvent mettre dans la nécessité de la démonter, soit pour la réparer, soit pour la remplacer. On conçoit qu'il ne soit pas toujours possible
à un navire ayant son hélice avariée, de rentrer
dans un bassin de radoub, attendu que ce complé-
ment nécessaire d'une flotte à vapeur ne se rencontre encore que dans les arsenaux les mieux pour-
vus de l'Europe, et l'on n'est pas toujours à proxi-
mité. Aussi, a-t-on imaginé les puits. Ce sont des

ouvertures quadrangulaires pratiquées dans l'arrière des vaisseaux perpendiculairement au-dessus de l'emplacement de l'hélice. Elles sont séparées des batteries qu'elles traversent par des cloisons solides, qui forment à l'arrière un compartiment isolé, communiquant par la partie inférieure avec la mer, directement au-dessus de l'hélice.

C'est à travers le puits qu'on hisse l'hélice quand on a besoin de la démonter pour la réparer ou la remplacer. Quand il ne s'agit que de la visiter, un plongeur suffit.—Quoi qu'il en soit, *les cloisons* d'un puits, en d'autres termes le tambour du puits a l'inconvénient de rétrécir l'espace où fonctionnait autrefois la barre du gouvernail. On a été obligé de le raccourcir et de compliquer les palans qui servaient à la manœuvrer. Nous allons prendre la liberté de reproduire la démonstration de l'honorable général, sinon tout à fait textuellement, du moins dans son esprit. Elle est un témoignage authentique des recherches approfondies auxquelles il s'est livré pour avoir une opinion sur l'un des objets essentiels de la navigation à hélice.

« Sir Howard déclare avec modestie qu'il n'a aucune expérience personnelle dans l'art de gouverner au joug (c'est ainsi qu'on appelle la barre

courte adoptée sur les vaisseaux, pour remplacer
l'ancienne : le joug agit transversalement sur la
tête du gouvernail, au lieu d'opérer dans le sens
de la quille comme la barre ordinaire des vaisseaux); mais, il s'est mis en état de porter un
jugement motivé sur l'objet en question, en prenant des informations auprès des officiers généraux qui ont inspecté la marine, auprès des capitaines qui ont commandé et des officiers qui ont
servi à bord de vaisseaux à hélice, aussi bien
qu'auprès des quartiers-maîtres qui ont tenu à la
main la roue du gouvernail : tous, sans exception,
considèrent l'adoption des tambours des puits qui
renferment 243 pieds cubes dans chaque batterie,
comme ayant amené l'introduction d'un procédé
aussi désavantageux pour gouverner ; mais, regardant le joug comme un mal inévitable, ils l'acceptent comme une nécessité. Mais est-ce bien une
nécessité? ou du moins le puits, cette construction
si embarrassante, est-il une nécessité permanente ou
seulement une nécessité accidentelle? On ne peut
faire autrement que d'avoir des ouvertures dans
les ponts quand il faut caponer l'hélice, soit pour
la réparer ou pour la remplacer. Dans le second cas,
on sort l'hélice de rechange du poste qui lui a été

assigné dans la cale et on la transporte à l'arrière
sur un traîneau préparé *ad hoc*. L'appareil à caponer l'hélice se compose d'un double système
de rouets engagés dans un gros madrier horizontal
en chêne, qui barre l'ouverture du pont supérieur
et qu'on pourrait appeler le *bossoir de l'hélice*. Le
bout de l'itague est amarré à un point fixe : son courant passe sur un rouet du bossoir, de là, une passeresse l'introduit par en-dessous dans le rouet du
cadre de l'hélice, il remonte au deuxième rouet du
bossoir et va de là se garnir au cabestan. En virant,
l'hélice et son cadre arrivent au pont supérieur à
travers les parois du puits. On a disposé à l'avance
des supports pour recevoir l'hélice. — Quand ces
précautions ont été bien prises, l'opération de
changer une hélice peut se faire en dix ou douze
minutes. Pendant dix ou douze minutes, par conséquent, on ne pourrait se servir d'une barre
ordinaire, — on la suspendrait aux barrots pendant qu'on emploierait la barre courte, *le joug* : en
attendant que l'hélice soit remise à sa place.

L'opération que l'on vient de décrire, n'impli-
que nullement la nécessité de renfermer les ouvertures des puits dans des cloisons permanentes.
Ne suffira-t-il pas d'avoir un puits s'élevant seule-

ment jusqu'à hauteur du pont de la batterie basse
pour empêcher la lame d'y pénétrer ? l'ouverture
du puits serait recouverte d'un panneau solidement calfaté. Les chaînes attachées sur le cadre de
l'hélice traverseraient ledit couvercle et seraient
prêtes à tout instant à passer dans les ouvertures des
ponts supérieurs pour hisser ou caponer l'hélice.
Les quatre coins de l'espace rectangulaire ménagé
pour son passage devraient être munis d'épontilles
mobiles, pour pouvoir guider les montants du cadre de l'hélice quand on l'amène, en attendant
que lesdits montants soient engagés dans les
guides verticaux en bronze fixés sur les deux étambots pour faciliter la connexion du noyau de l'hélice avec l'arbre de couche.

La suppression des cloisons du puits, à partir du
pont de la batterie basse, permettrait de substituer
la barre ordinaire au joug actuel, et si les ouvertures du puits étaient fermées, au moyen de panneaux suffisamment solides, on pourrait y faire
rouler du canon, ce qui permettrait d'en avoir au
besoin deux de plus par batterie sur les vaisseaux
à deux et à trois ponts. Dans un combat, la chose
peut être parfois de la dernière utilité. »

Telle est en résumé la démonstration donnée par

sir Howard, pour prouver l'avantage qu'il peut y avoir à réduire les dimensions des puits usité sur les vaisseaux à hélice. — Nul doute que des hélices perfectionnées, comme l'hélice Mangin en France et l'hélice Maudslay et Field, du trois-pont *le Marlborough* en Angleterre, ne simplifient beaucoup la question de la réduction des puits à leur minimum de dimension.

Mais, c'est assez nous arrêter sur la première partie de l'ouvrage de sir Howard Douglas. Le coupe-cordes et les puits réduits seraient, selon toute probabilité, des innovations heureuses dans la marine royale d'Angleterre, aussi bien que dans la marine impériale : il appartient aux conseillers spéciaux du gouvernement en matières nautiques, de décider s'il est à propos de faire des expériences pour éclairer la question.

La démonstration du principe de la détente, la théorie et la pratique des manœuvres des roues à aubes et de l'hélice, ceux de l'indicateur et du dynamomètre, la comparaison de l'hélice avec les roues à aubes, d'après des expériences authentiques, constituent autant de propositions des plus intéressantes pour le marin désireux de s'initier à l'histoire des progrès méthodiques accomplis par

la marine royale d'Angleterre dans la navigation à
vapeur. Notons en passant, que le gouvernement
français n'a pas failli à la tâche tout à fait analogue qui lui était imposée. Ainsi, tandis que *le
Rattler* et l'*Alecto* faisaient des expériences comparées entre l'hélice et les roues à aubes dans les
mers du Nord, le *Pingouin*, construit à Bordeaux
et *le Voyageur* venu du bassin d'Arcachon, prati-
quaient des exercices analogues dans les eaux de
Pauillac. Ils ont été continués sur d'autres bâtiments au fur et à mesure des constructions depuis
1845 jusqu'à aujourd'hui ; sinon avec la suite que
les Anglais apportent de préférence dans une
question vitale, du moins avec assez de soin pour
que l'on puisse réunir au besoin les données qui ont
élevé notre marine à vapeur au niveau de la marine
britannique, sous le rapport de la qualité des bâtiments et des machines à vapeur.

Dans un second article, on se propose de donner
une idée sommaire de la pensée développée dans
la 2ᵉ section de *la Stratégie maritime à vapeur*.
C'est le véritable corps de l'ouvrage, la première
partie n'est à proprement parler qu'une entrée en
matière. Avant de faire des manœuvres d'escadres,
il faut étudier et posséder à fond son vaisseau à

hélice, et c'est ce que le général sir Howard Douglas nous semble avoir fait avec une méthode tout à fait appropriée à l'objet qu'il avait en vue.

Polybe, un des écrivains les plus judicieux et le plus versé dans la tactique militaire des anciens temps, pendant vingt ans l'hôte et l'ami des Scipions, nous a laissé dans son Histoire des guerres puniques un récit assez détaillé de la bataille navale livrée l'an 256 avant Jésus-Christ dans les parages d'Heraclea Minoa, ville aujourd'hui disparue, sur la côte méridionale de Sicile, à quelques lieues dans l'ouest de l'ancienne Agrigente, la Girgenti des modernes.

C'est une des batailles les plus remarquables au point de vue tactique, livrées sur mer entre Rome et Carthage, quand ces anciennes républiques, tourmentées d'une ambition féroce et exclusive, se disputaient l'empire de la Méditerranée. (Le principe chrétien et tout moderne, de laisser à chaque peuple sa place au soleil de la civilisation, pour développer librement, dans la mesure de ses forces, les diverses branches de l'activité humaine, n'avait pas alors la moindre racine dans l'âme des hommes d'État.) Les consuls Lucius Manlius Vulso et Marcus Atilius Régulus, le fameux Régulus, commandaient la flotte romaine, montés sur deux galères à six rangs de rame, *hexérèmes ;* les généraux Amilcar et Hannon, la flotte carthaginoise.

Nous empruntons aux œuvres du savant Daunou (*Histoire romaine*, t. V, p. 85), ancien archiviste du premier empire, mort pair de France sous le règne de Louis-Philippe, le récit suivant :

« Le 19 avril 256, on installa consuls Lucius Manlius Vulso et Quintus Cœditius. Celui-ci mourut peu de jours après. — On lui substitua Régulus. — L'idée qui dominait à Rome était de transporter en Afrique le théâtre de la guerre. Les consuls descendirent d'abord à Messine à la tête de trois cent trente vaisseaux de diverses grandeurs. Jamais Rome n'en avait encore équipé à la fois un aussi grand nombre ; mais les Carthaginois en armaient trois cent soixante, commandés par Hamilcar et par Hannon.

La flotte romaine se partagea en quatre escadres, dont les trois premières portaient chacune une légion, et la quatrième, les triaires, postés comme sur terre, à l'arrière-garde. Chaque trirème cent vingt soldats et trois cents rameurs, en

tout quatre cent vingt hommes : c'était sur la flotte
entière, qui ne formait qu'une seule armée, cent
trente-huit mille six cents ou environ cent quarante mille guerriers ou rameurs, contre plus de
cent cinquante mille soldats et matelots de Carthage. Chacune des deux nations exposait à la fois
toutes ses forces. Régulus et son collègue montaient
chacun un hexérême, c'est-à-dire une galère à six
rangs ou estrades ; et ces deux énormes bâtiments
paraissaient à la pointe de l'armée, côte à côte,
sans autre intervalle que celui qu'il fallait pour
manœuvrer. Elles étaient en quelque sorte le sommet d'un triangle équilatéral dont les trois premières escadres romaines formaient les côtés. Derrière la troisième ou la base du triangle, on avait
rangé les vaisseaux de charge et les machines ; et
au-delà l'escadre des triaires offrait une quatrième
ligne parallèle à la base et qui la débordait de part
et d'autre. La flotte des consuls se présenta dans
cette disposition à hauteur d'Héraclée, résolue
de voguer vers l'Afrique, si les ennemis ne voulaient point engager une bataille. Hamilcar et Hannon, dont les vaisseaux restaient encore à l'ancre
dans le port, assemblèrent leurs troupes et les ani-
mèrent par des exhortations, leur faisant entendre

brièvement que , vainqueurs, ils n'auraient qu'à
défendre la Sicile ; mais que, vaincus, ils compro-
mettraient le salut de leurs familles et de leur patrie. A l'instant on met à la voile : Hannon, à la
tête d'une première colonne, s'avance en haute
mer, comme pour envelopper les Romains de ses
quinquérêmes et de ses trirêmes légères.

Amilcar a sous ses ordres deux autres colonnes
qui se trouvent plus à portée de la terre. Les Romains s'ébranlent les premiers : trompés par la
fuite simulée des colonnes carthaginoises, ils se
laissent entraîner trop avant et resserrer bientôt
entre les deux colonnes d'Amilcar. Ils ne soutiennent le combat qu'à l'aide des corbeaux qui accro-
chent des galères ennemies. C'en était fait des deux
premières escadres consulaires, si Hannon était
venu fondre aussi sur elles ; mais il attaque la quatrième, celle des triaires, et la troisième, base du
triangle. Celle-ci, en coupant les câbles qui l'atta-
chaient aux vaisseaux de transport, prit une part
glorieuse à cette bataille où, dès lors, se heurtaient
à la fois toutes les divisions des deux flottes, mais
avec beaucoup d'ordre du côté des Romains. Amilcar plia, s'enfuit, regagna le port ; et tandis que
Manlius Vulso rassemblait les galères carthagi-

noises qu'on avait prises et les amarrait à ses vaisseaux, Régulus fondit sur Hannon, dont la colonne
assaillie de front par les triaires, en queue par le
consul, ne se sauva que par l'extrême légèreté des
vaisseaux qui la composaient. Hannon gagna le
large, on le perdit de vue. Il ne restait aux prises
que la troisième escadre ou ligne romaine, avec
une colonne carthaginoise qui fut le plus maltrai-
tée, car les deux consuls accoururent pour l'enfermer et l'accabler. Rome, en cette journée, ne perdit que vingt-quatre galères coulées bas; on ne lui
en prit aucune. Elle en enleva soixante-quatre à
l'ennemi et lui en submergea trente. »

Il serait hors de propos de développer ici les réflexions nombreuses suggérées par le récit que
Daunou a rédigé d'après l'historien des guerres puniques. Bornons-nous à exposer brièvement la
principale, en raison de l'analogie toute naturelle
qui doit exister entre la tactique des flottes à vapeur
et celle des anciennes galères.

La flotte carthaginoise, au mouillage devant Heraclea Minoa, paraîtrait, d'après l'expression de
Daunou, avoir mis à la voile pour aller à la rencontre de la flotte romaine, formée en triangle
équilatéral à double base, la deuxième base débor-

dant la première, — Mais a-t-on combattu à la voile ou à la rame? Là est la question fondamentale. Le calme qui règne sur la côte de Sicile à l'époque de l'année où le combat a dû être livré, et qui paraît être vers la mi-juin 256 ; la voilure des galères qui n'était pas aussi perfectionnée que celle des vaisseaux d'aujourd'hui — (on admet dans la tactique navale que les vaisseaux à voiles ne peuvent faire route plus près de six quarts sur la droite ou sur la gauche de la direction du vent) ; la commodité qu'avaient les trirèmes, les quinquérèmes, les hexérèmes à se servir de leurs rames (quatre-vingt-dix-neuf mille rameurs sur la flotte romaine, cent huit mille sur la flotte carthaginoise), pour se diriger partout où besoin était ; la savante disposition de la flotte des consuls, les manœuvres variées de la flotte carthaginoise, tout fait supposer que la bataille a eu lieu à l'aviron et les voiles serrées. Convenons que l'hélice est un moyen de propulsion bien supérieur à cinq et six rangées d'avirons, aussi bien qu'aient pu les disposer les ingénieurs carthaginois ou romains.

Mais c'est assez nous arrêter à ce qu'a pu être la tactique navale pendant les beaux jours de la république romaine. L'homme judicieux sait mettre à profit les leçons de sa propre infortune tout aussi bien que celles qui découlent des infortunes d'autrui.

Il est temps de livrer à l'appréciation du public éclairé et plein de distinction la savante démonstration du général sir Howard Douglas en faveur de la nouvelle stratégie maritime à vapeur.

STRATÉGIE MARITIME A VAPEUR.

A SON ALTESSE ROYALE

LE PRINCE-ÉPOUX

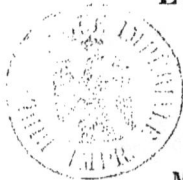

FELD-MARÉCHAL D'ANGLETERRE.

MONSEIGNEUR,

Honoré de la gracieuse permission de Votre Altesse Royale, m'autorisant à lui dédier cette essai de traité sur un sujet d'une importance vitale pour le pays auquel Votre Altesse Royale a si heureusement associé et identifié sa destinée, je puis seulement espérer que ma tentative pour procurer l'unité de système aux tactiques de la guerre par terre et par mer, aussi bien que pour donner une force militaire aux formations des flottes, en appliquant les principes qui règlent la disposition et le mouvement des armées, au nouveau système de stratégie maritime pour lequel le pays devrait être préparé, pourra ne pas être considérée comme indigne de l'illustre nom qui patrone mes humbles

STRATÉGIE MARITIME.   3

efforts, et qu'elle ne sera pas non plus sans utilité
pour cette branche importante du service de Sa
Majesté, dont l'efficacité et la suprématie garantis-
sent à jamais la sécurité de l'Empire Insulaire et
Colonial de la Grande-Bretagne.

J'ai l'honneur d'être, Monseigneur, avec les senti-
ments du plus profond respect,

De Votre Altesse Royale,
Le très-humble, très-obéissant et
très-dévoué serviteur

L'AUTEUR.

INTRODUCTION

Nous sommes au commencement d'une nouvelle ère de stratégie maritime, par suite de l'introduction de la vapeur comme puissance motrice dans la marine, et de son application à bord des bâtiments de guerre, sans aucune exception, depuis le plus petit jusqu'au plus grand vaisseau de ligne. Cette nouvelle puissance a nécessairement modifié et même profondément renversé la tactique actuelle de la guerre sur l'Océan.

Jusqu'ici l'exécution des évolutions navales a reposé sur l'état de l'atmosphère : et souvent les plans les mieux combinés pour l'attaque ou la défense sur mer ont été anéantis, juste au moment de leur entière réussite, par un calme soudain ou des changements imprévus dans la direction du vent; tandis qu'aujourd'hui un savant système de machines à détente mettent un navire en mesure de se mouvoir à volonté, avec une vitesse plus ou

moins grande, ou d'arriver à un repos absolu, et
aussi de changer la direction de son mouvement
par la puissance du gouvernail, les commandants
de vaisseaux ou de flotte pourront en confiance
mettre en pratique toutes les manœuvres qu'ils auront déterminées à l'avance, soit pour engager l'action, soit pour détruire les combinaisons de leur
adversaire avant et pendant le combat.

On attribue généralement la supériorité maritime de la Grande-Bretagne à la nature toute spé-
ciale du pouvoir moteur qui a servi jusqu'ici aux
évolutions soit des navires isolés, soit des escadres.
Ce pouvoir moteur est le vent agissant sur les voiles
des navires, force d'une nature très-variable ; et il
est évident que l'introduction de la vapeur, puissance motrice dont l'usage est entièrement sous
le contrôle du mécanicien, doit amener de grands
changements dans la situation relative des marines
Britannique et étrangères, et modifier par suite
l'importance maritime de plusieurs nations de
l'Europe.

Ce sujet a déjà attiré l'attention des hommes
adonnés aux sciences militaires dans les contrées
étrangères, et l'on croit au dehors que l'emploi de
la vapeur comme force motrice des bâtiments de

guerre aura pour résultat d'avantager les nations
du continent, au détriment de la Grande-Bretagne.
Des propulseurs sous-marins, Labrousse, 1843.
(*Sur une arme nouvelle maritime*, Paixhans).*Guerres
maritimes*, Jurien de le Gravière.

On suppose que la marine britannique est en
grande partie redevable des succès qu'elle a obtenus
jusqu'ici dans ses conflits avec les bâtiments des
autres nations, à l'habileté supérieure de ses com
mandants pour prévoir les changements qui doi
vent survenir dans la force et la direction du vent,
et se précautionner à l'avance, grâce à l'expérience
et à l'adresse de ses matelots, pour exécuter vive-
ment les ordres de leurs officiers, dans tout ce qui
concerne le gréement et les voiles ; et l'on a observé que quand les manœuvres compliquées requises pour diriger les mouvements d'un vaisseau
sous voiles, seront remplacées par la conduite
beaucoup plus simple d'une machine à vapeur, la
stratégie maritime sera en grande partie indépendante de l'adresse nautique et de la pratique du
matelotage, et que par conséquent les évolutions
d'une flotte seront ramenées à la précision des
manœuvres militaires sur un champ de manœuvre.
On a argué de là, que l'emploi des propulseurs à

vapeur pour les navires de guerre devenant général
en Europe, la supériorité de la marine de guerre
de l'Angleterre, maintenue depuis si longtemps
à son grand avantage, cessera d'exister et que d'autres nations moins riches en ressources nautiques,
mais possédant en plus grande abondance le personnel et le matériel requis pour le service militaire sur terre, deviendront relativement plus puissantes sur mer qu'elles ne l'étaient sous l'empire
des conditions antérieures.

Mais doit-il nécessairement s'ensuivre que la
Grande-Bretagne ne maintiendra pas à l'avenir sa
supériorité actuelle dans la guerre maritime? Ou
s'il en est ainsi, son déclin sera-t-il totalement dû à
l'emploi des propulseurs à vapeur sur les navires
de guerre? L'auteur se hasarde à penser qu'une
pareille opinion n'est pas fondée, et qu'elle ne peut
s'être formée que par la supposition que la science
nautique et mécanique de l'Angleterre demeurerait
stationnaire tandis que celle des autres nations serait en progrès. En ce cas, il viendrait évidemment un
temps où la supériorité navale passerait du côté du
continent; mais rien jusqu'à présent ne paraît jus-
tifier cette présomption. Il est admis que les marins
anglais de tout rang ont aujourd'hui une habileté

supérieure à celle des autres nations non-seulement dans les opérations navales sous voiles, mais aussi dans la conduite des machines à vapeur ; et on continue à les initier le plus tôt possible à tout ce qui se rapporte à la tactique navale, soit avec le vent, soit avec la vapeur : ainsi ils sont préparés à profiter eux-mêmes de tous les progrès que la science ou la pratique peuvent suggérer dans l'exercice de leurs capacités professionnelles.

Cette circonstance seule, toutes choses égales d'ailleurs, permettrait aux commandants anglais de conserver leur supériorité actuelle sur ceux du continent ; mais combien plus grands encore sont les avantages de l'Angleterre, quand on compare ses matelots à ceux de toutes les nations étrangères ! Les matelots étrangers, pris en grande partie par la conscription dans les villes ou dans les campagnes, ont rarement autre chose que la routine nautique qu'on peut leur donner sur les bâtiments de guerre où ils servent presque tous dans les eaux de l'Europe, tandis que les matelots anglais exerçant les facultés énergiques d'un peuple façonné dès longtemps aux entreprises maritimes, sont initiés dans une grande marine marchande à l'accomplisse-ment de leurs devoirs spéciaux dans toutes les régions de la terre, quand ils transportent les marchandises de la mère-patrie à ses vastes et lointains domaines coloniaux.

La supériorité des usages anglais dans l'emploi de la vapeur n'est pas moins certaine : les machines qui mettent en mouvement les steamers anglais sont les meilleures pour l'exécution, et leurs mécaniciens sont bien connus pour avoir une habileté supérieure et plus d'expérience que les hommes de la même classe parmi les autres nations. Il est de fait qu'à bord des steamers marchands étrangers, il y a généralement des Anglais préposés à la conduite des machines, et on ne saurait donner aucune raison pour que leur adresse et leur énergie restent stationnaires et ne progressent pas à proportion des occasions qu'ils ont de se perfectionner.

On peut donc affirmer avec sécurité que les avantages de supériorité maritime dont la Grande-Bretagne a joui si longtemps, seront plutôt augmentés que diminués par la nouvelle force motrice que la guerre n'a pas encore éprouvée, et on peut raisonnablement supposer que les autres nations continueront plutôt à suivre qu'à conduire les Anglais en matière de stratégie navale. Le sujet est ce-

pendant d'une importance momentanée pour l'Angleterre, et il engagerait l'auteur à apporter toutes
les considérations possibles pour mettre en relief
les moyens qui mettraient à l'improviste la Grande-
Bretagne en mesure de maintenir la supériorité
qu'elle a déjà obtenue, dans la guerre maritime, par
l'adresse et l'intrépidité des officiers et des matelots
de sa glorieuse marine à voiles.

Sur les flottes comme dans les armées, la dé-
couverte de nouveaux moyens et instruments de
guerre a été de tout temps suivie de nouvelles formations dans l'ordre de bataille, et de modifications partielles ou totales dans les évolutions de la
tactique. Sous ce point de vue, le plus grand changement qui ait eu lieu, remonte à l'époque où la
poudre à canon a commencé à être employée aux
usages de la guerre ; mais chaque changement
dans les armes (l'histoire de la science militaire en
fournit des exemples nombreux) a toujours conduit
depuis à modifier l'organisation et les manœuvres
maritimes et militaires. On doit observer néanmoins que les changements dans la tactique se sont
faits lentement, par degrés insensibles, et ont généralement suivi à de très-longs intervalles les perfectionnements qui les rendaient nécessaires. A

présent, on peut dire qu'il ne s'est opéré encore
aucun changement dans la tactique militaire pour
correspondre à l'introduction des armes rayées
dans le service général des régiments de ligne.

L'introduction de la vapeur comme force motrice à bord des navires des puissances maritimes,
est un changement vaste et soudain dans les
moyens d'engager une action sur mer ; il doit
produire une révolution totale dans les usages de
la guerre maritime, et rend nécessaire l'adoption
immédiate de nouvelles méthodes dans la tactique
et les éléments du nouveau matériel. C'est pourquoi il faut les étudier et y pourvoir avec toute l'é-
nergie mentale et physique que comportent le talent
et la force de la nation ; en particulier, il ne faut
épargner aucun sacrifice d'argent, en raison du
but que l'on a en vue : car il ne s'agit pas moins
que de la supériorité maritime de l'Angleterre. Il
faut donc se procurer tout ce qui est nécessaire
pour correspondre aux besoins du service dans cette
crise momentanée.

Les hommes d'État de l'Angleterre sont tenus
d'acquérir une connaissance approfondie des changements que les événements politiques ont produits dans les affaires maritimes des nations de

l'Europe, et des grands perfectionnements ame-
nés dans les constructions et les armements de la
marine, spécialement par l'introduction de la force
motrice de la vapeur, depuis la fin des guerres suscitées par la grande révolution française. Une
grande puissance a disparu de l'Europe, en tant
que puissance navale; une autre a surgi dans le
Nouveau-Monde. La flotte à vapeur de la France
est en voie d'augmentation continue; car le gouvernement français, agissant d'après les conclusions de la commission d'enquête du 31 octobre 1849, l'a fait parvenir à une force vraiment
formidable. Bientôt la division de la flotte russe actuellement dans la Baltique, s'élevant à environ
quarante vaisseaux de ligne à voiles, sera trans-
formée en flotte à vapeur. Les marines des puissances inférieures, Danemark, Suède et Hollande,
sont parvenues à une situation très efficace sous
des administrateurs éclairés. En résumé, les marines de l'Europe et de l'Amérique ont tellement
augmenté le nombre et la force de leurs navires
aussi bien que leur personnel, en tout ce qui se
rapporte à la science et à la pratique de la guerre,
que, dans un futur conflit, la mer deviendra le
théâtre d'évènements plus importants et plus idé-

cisifs que ceux dont elle a jamais été témoin.

Les efforts des plus proches voisins continen-
taux de l'Angleterre ont eu plus particulièrement
pour objet, durant les neuf dernières années, de
regagner le rang et la considération que leur nation avait antérieurement parmi les puissances navales du monde, et en admettant qu'il soit juste et
politique, de la part de la France, de poursuivre
dans ce sens, la Grande-Bretagne devrait en même
temps s'attacher fortement à surveiller les mesures
prises dans ce pays, conformément aux recomman-
dations de la commission d'enquête, et en prendre
d'analogues afin d'augmenter à proportion la puissance, l'efficacité et la force numérique de sa flotte,
de manière à maintenir la situation relative qui
existe aujourd'hui. Ainsi, les arsenaux de marine
des deux grandes nations alliées, et dont l'une est
poussée par une nécessité du premier ordre et de
l'ordre le plus élevé, celle de pourvoir efficacement à sa propre sécurité, résonnent du bruit des
préparatifs de guerre, tandis que les deux nations
pourraient participer également aux avantages fi-
nanciers et aux bienfaits sociaux d'une paix profonde, substantielle et durable.

Il sera peut-être à propos d'observer ici que la

commission d'enquête, dans sa séance du 3 février 1851, a décidé que le nombre des vaisseaux
de ligne qui, par l'ordonnance de 1846, était fixé
à quarante, serait porté à quarante-cinq, et que
chaque vaisseau serait pourvu d'une machine à
vapeur. Tel était le chiffre adopté : mais, d'après
la discussion qui eut lieu à ce sujet, il paraît qu'on
différa plutôt qu'on ne rejeta la proposition de
M. Charner, un des membres de la commission,
qui demanda à pousser jusqu'au chiffre de cinquante vaisseaux de ligne. On recommanda d'a-
voir le plus grand nombre possible de vaisseaux
terminés, à flot et prêts à armer au premier ordre.
En adoptant le plus petit chiffre, on pensait que
quarante-cinq vaisseaux seraient plus tôt terminés
et qu'on aurait moins de fonds à voter, le pays
étant par là-même mieux préparé à l'éventualité
d'une guerre prête à éclater.. Il y a actuellement
quarante-sept vaisseaux terminés (16 août 1858),
et nul doute qu'il n'y en ait bientôt cinquante,
ainsi que le proposait M. Charner.

Dans la séance du 12 février et du 10 mars 1851
on décida qu'il y aurait vingt frégates à vapeur et
à grande vitesse, vingt frégates mixtes à vapeur et

à voiles; dans la même séance, la commission porta à cinquante le chiffre des corvettes, et décida qu'il y aurait quatre-vingts avisos à vapeur. On résolut aussi que les vingt frégates rapides et les cinquante corvettes seraient construites en dix ans et graduellement. La suppression des transports à voiles fut arrêtée en même temps que leur remplacement par vingt steamers qui devaient servir comme transports. (Le transport *le Calvados*, lancé à Lorient, a été le premier bâtiment de cette classe. On le dit disposé pour recevoir 2,500 hommes, 150 chevaux et 1,200 tonneaux d'approvisionnement.) On a recommandé de construire les vaisseaux de ligne sur le modèle du *Napoléon*. Les machines de ce bâtiment, quoiqu'évaluées à 960 chevaux seulement, peuvent en développer 1,500. Le *Napoléon* peut arrimer dix jours de charbon en faisant vapeur à toute vitesse. On résolut ensuite que les équipages de ligne et les mécaniciens continueraient à être tenus à la disposition du gouvernement par le moyen de l'inscription maritime; que quatorze vaisseaux de ligne, alors à flot, subiraient les transformations nécessaires pour être convertis en vaisseaux à vapeur; qu'on en porterait le chiffre à trente provenant des vaisseaux en réserve, et que vingt d'entre eux seraient achevés dans l'espace de dix ans.

Dans la décision relative à l'établissement des équipages destinés à armer les quarante-cinq vaisseaux décrétés par l'ordonnance de 1846, on statua qu'une augmentation parallèle serait faite dans le nombre des compagnies permanentes, dont chacune devait comporter soixante matelots de 1re, 2e et 3e classes, avec vingt apprentis marins. On régla aussi que l'établissement des matelots canonniers serait mis sur un pied suffisant pour avoir un canonnier breveté par chaque canon des navires sur lesquels ils seraient embarqués.

Les décisions des commissaires français, pour ce qui regarde les matières spéciales qui leur sont soumises, ne sont pas subordonnées aux changements de gouvernement, ainsi qu'il arrive en Angleterre. Au contraire, elles sont immuables et mises à exécution avec persévérance, jusqu'à ce qu'elles soient complètement réalisées. Il est bien convenu que l'idée de construire un grand port militaire à Cherbourg remonte à Louis XIV, bien que l'ouvrage ait été commencé seulement sous le règne de Louis XVI. On a vu compléter en 1858 le grand ouvrage qui, selon le langage du président

de la commission de 1849, est destiné à contenir
los flottes qui doivent défendre les côtes de France
et attaquer les Anglais dans leur propre pays.
M. Daru, après avoir fait observer que, dans
l'expédition de Rome, toute l'armée française avait
été embarquée et convoyée en dix jours de Toulon
à Civita-Vecchia, insinua que 24 frégates à vapeur,
24 transports, 3 corvettes et 3 avisos, concentrés à
Dunkerque, Cherbourg et Brest, suffiraient pour
débarquer trente mille hommes et trois mille chevaux sur un point quelconque de l'Angleterre ou
de l'Irlande. (Séance du 27 janvier 1851, *Enquête
parlementaire*, tom. I, p. 149.)

Envisageant la France pour ce qu'elle est réellement, une grande puissance dont le salut repose
sur sa force militaire, l'Angleterre n'a aucun droit
de se montrer pointilleuse à l'occasion des mesures que peut prendre le gouvernement français
pour se maintenir en sûreté vis-à-vis de ses puissants voisins du continent. La prépondérance militaire est aussi nécessaire au salut de la France
que la prépondérance maritime est indispensable
au salut de la Grande-Bretagne, grande puissance
insulaire et coloniale avant tout. Aucun des deux
pays ne devrait être jaloux de l'autre ou s'en défier,

quand son voisin fait un usage légitime de la puissance dont la nature l'a doté pour pourvoir à sa
propre sécurité.

Ce n'est point un esprit d'hostilité qui dicte ces
observations : l'auteur prend les faits et les circonstances comme il les trouve ; il en use seulement
pour administrer la preuve que la Grande-Bretagne
est dans une nécessité absolue de prendre des mesures correspondantes pour assurer sa propre position, en tant que grande nation maritime parmi
les puissances de l'Europe : sincèrement disposé à
apprécier et à maintenir dans son humble sphère
les relations amicales qui existent heureusement
entre les deux gouvernements , et s'en rapportant
aux assurances données par le chef de la nation
française, il ne peut qu'estimer la politique qui
induit le gouvernement français à réorganiser ainsi
ses ressources maritimes afin d'élever sa marine
au plus haut degré d'efficacité. La Grande-Bretagne, en tant qu'empire insulaire et maritime, ne
peut maintenir la haute position que sa marine lui
a conquise parmi les nations qu'en conservant cette
noble branche du service public, non pas dans un
État qui la protége contre les agressions d'une
seule puissance, mais qui la mette en mesure de

briser toute espèce de coalition maritime que les circonstances politiques pourraient faire naître à l'avenir; et on doit toujours avoir présent à l'esprit que, pour être capable d'agir sur un pied d'égalité avec les marines de toutes les puissances du continent, il faut que la marine de la Grande-Bretagne soit supérieure à celle de n'importe quelle nation pour le nombre des navires de guerre d'une même force.

Prenant la France pour exemple, tandis que la puissance navale de ce pays serait principalement concentrée, en cas de guerre, dans les deux mers dont les rivages baignent ses arsenaux, celle de l'Angleterre serait dispersée sur tout le globe, avec une force suffisante dans chaque région pour protéger ses nombreuses colonies et son immense commerce. Les flottes de l'Angleterre auraient à bloquer, en temps de guerre, deux grands ports dans le canal britannique, au lieu d'un comme dans les dernières guerres; elles devraient, en outre, avoir une force dominante dans toutes les eaux qui environnent les îles britanniques.

Autrefois la marine anglaise accomplissait si rapidement ses armements au moyen de la presse que, la plupart du temps, l'ennemi, sachant que

ses flottes étaient prêtes à repousser toute espèce
d'agression, les dangers qui auraient pu menacer
le pays par mer se trouvaient conjurés : mais, à
présent que le gouvernement est obligé de compter
avec l'enrôlement volontaire pour recruter les
équipages des vaisseaux de guerre, il y a toujours
à redouter des retards quand on veut mettre une
flotte en état de prendre la mer. C'est peu de chose
que d'avoir les navires et le matériel nécessaire
pour les armer, si les braves marins qui doivent
servir à bord ne viennent pas se présenter au moment du besoin. Les Français ont toujours leur loi
d'enrôlement forcé pour former les compagnies de
leurs vaisseaux : mais la Grande-Bretagne n'a que
l'appât d'un traitement libéral et d'une attention
soigneuse pour fournir à bord le comfort de la vie,
afin de se procurer les hommes qui doivent défendre le pays et maintenir la gloire de ses armes
dans une guerre maritime.

On donnera dans cet ouvrage une notice abrégée
de la tactique navale sous voiles, parce qu'il s'é-
coulera un long temps avant que les machines à
vapeur puissent tout à fait remplacer les voiles, en
cas que cette substitution ait jamais lieu. Les flottes
à vapeur seront appelées accidentellement à recou-

rir à leurs voiles, soit parce qu'elles auront épuisé leur combustible, ou que leurs machines seront dérangées; et il est évident que, par suite, il ne faut pas se hâter de mettre de côté la vieille tactique à voiles. Un traité de stratégie maritime avec la vapeur est néanmoins indispensable dans le temps présent. Car des évolutions qui ne pourraient s'exécuter avec précision ou certitude, et qui même ne pourraient s'exécuter en aucune façon avec les voiles, peuvent l'être avec une machine à vapeur. Il faut donc étudier avec soin les nouvelles évolutions et les nouvelles formations des escadres, et c'est un devoir impérieux pour les marins de se rendre habiles dans les deux systèmes de tactique. Toutefois, avant d'entrer dans aucun détail au sujet de la tactique navale sous vapeur, il sera convenable de consacrer une section à l'histoire rapide de l'introduction de la vapeur comme force motrice à bord des bâtiments. On donnera, en outre, une notice abrégée des machines à roues et à hélice, aussi bien que des recherches faites pour trouver la valeur relative de ces deux propulseurs, tant sous le rapport de la force transmise que sous celui des convenances de l'armement des navires de guerre.

STRATÉGIE MARITIME A VAPEUR

PREMIÈRE SECTION

Application de la force de la vapeur aux vaisseaux de guerre.

Perfectionnements apportés à la machine à vapeur pour l'appliquer à la navigation. Premiers navires à roue et à hélice ayant navigué sur l'Océan.

1. Il serait étranger au plan de cet ouvrage d'entrer dans des détails relatifs à l'invention de la machine à vapeur, et de décrire les perfectionnements successifs dont elle a été l'objet ; on se bornera à donner une notion rapide de plusieurs des progrès qui l'ont rendue applicable à la navigation (1).

Au commencement du dix-huitième siècle, la

(1) L'auteur désire qu'il soit bien compris que cette notice descriptive et historique n'est introduite ici que pour la masse des lecteurs et pour les officiers qui n'ont pas eu l'avantage de faire leur éducation au Collége Royal.

machine à vapeur ou, comme on disait alors, la
machine atmosphérique ne produisait son effet
qu'au moyen de l'admission de la vapeur dans
l'extrémité inférieure du cylindre; la vapeur, par
son élasticité, forçait le piston à monter à la partie
supérieure; alors un jet d'eau froide introduit en-
dessous condensait la vapeur et produisait le vide :
la pression atmosphérique agissant sur la partie
supérieure du piston l'obligeait à descendre ; la
vapeur étant introduite en-dessous, le piston était
forcé de remonter ; puis le vide étant formé comme
auparavant, l'atmosphère obligeait le piston à descendre une seconde fois. Cette ascension et cette
descente alternatives du piston occasionnaient des
mouvements correspondants dans la tige d'une
pompe d'épuisement : longtemps la machine à
vapeur n'eut pas d'autre objet.

2. Le premier perfectionnement de Watt con-
sista à admettre la vapeur alternativement dans le
bas et dans le haut du cylindre, de manière que
quand le vide était formé en-dessous du piston, la
pression de la vapeur introduite en-dessus le forçait
à descendre ; et quand le vide était formé en-dessus, la pression de la vapeur introduite en-dessous
le forçait à monter. De cette manière, le piston

était maintenu dans un mouvement alternatif, et comme la pression de la vapeur pouvait excéder celle de l'atmosphère, on obtenait ainsi une plus forte puissance, et cette force plus grande pouvait agir d'une manière uniforme sur les deux côtés du piston. En 1769, Watt obtint un brevet pour ce grand perfectionnement. En 1780, Pickard en prit un pour avoir converti le mouvement alternatif de la tige du piston en un mouvement circulaire. Ce changement de mouvement s'obtenait tout simplement par le moyen d'une manivelle. L'année suivante Watt inventa l'organe qu'il appela *sun and planet wheel-work*, qui le conduisait au même résultat que la manivelle. Mais ce mouvement rotatoire était un grand pas fait vers l'application de la vapeur à la propulsion des navires. C'est en 1802 qu'on construisit le premier bateau avec des roues à aubes, mises en mouvement par la vapeur.

3. Il serait hors de propos de donner des détails sur le projet supposé d'un capitaine espagnol nommé Garay, qui aurait fait marcher, dès 1543, un bâtiment au moyen de la vapeur d'eau bouillante, aussi bien que des expériences malheureuses faites en France en 1774 et 1775 et celles faites en Amérique en 1783, pour faire marcher un bateau

muni de roues à aubes, au moyen d'une petite machine à vapeur; mais, il sera utile de mentionner tout spécialement les expériences faites à Dalswinton en Écosse pendant les années 1788-1789 pour l'usage des roues à aubes. Elles ont été les premières roues mises en mouvement par des moyens mécaniques, pour faire marcher les navires. Un M. Millar, habitant cette localité, commença les expériences : elles furent continuées sous les auspices de MM. Taylor et Symington. C'est au premier de ces deux ingénieurs qu'on attribue l'idée d'employer la force de la vapeur pour mettre des roues en mouvement; par la suite, le second la mit en pratique. Les expériences de Symington furent poursuivies sous le patronage de lord Thomas Dundas ; en 1789, on essaya, dans le voisinage de Dalswinton, un bateau mis en mouvement par une machine à double effet, système de Watt. On prétend que la *Charlotte Dundas*, c'était le nom du bateau, atteignit une vitesse de cinq mille par heure. Les expériences se prolongèrent jusqu'en 1802, époque à laquelle Symington construisit deux bateaux à vapeur qui furent employés à porter des denrées sur les canaux du Forth et de la Clyde.

4. L'Américain Chancellor Livingstone avait

échoué en 1798, en essayant de construire un bateau à vapeur destiné à naviguer sur l'Hudson ; il se trouvait en France, en 1803, avec Fulton, quand ils construisirent un bateau à vapeur destiné à naviguer sur la Seine. Leur entreprise ayant échoué, Fulton vint en Angleterre, où il fut présenté à Symington qui lui montra les bâtiments qu'il avait construits. De retour en Amérique, il arma de roues à aubes un navire qu'il nomma *le Clermont*, et les fit mettre en mouvement à l'aide d'une machine fabriquée en Angleterre par Watt et Boulton. Tel fut le premier bateau à vapeur employé au transport des passagers. *Le Clermont* fit son premier voyage d'Albany à New-Yorck sur l'Hudson.

5. On rapporte que le premier bateau à vapeur qui ait navigué sur la Tamise y fut amené par un M. Dawson en 1813 ; comme spéculation, la mesure échoua : mais, à partir de 1815, il y a toujours eu des navires à vapeur employés à monter et à descendre le fleuve.

6. M. Stevens jeune de New-Yorck fut, dit-on, le premier qui mit un navire à vapeur en mer ; c'était en 1804. Le mouvement aurait été communiqué au navire par le moyen d'un propulseur ressemblant à un tourne-broche. L'essai de M. Ste-

vens peut donc être considéré comme la première application de l'hélice à la navigation. *Le Savannah*, de 350 tonneaux, fut le premier bâtiment à vapeur qui traversa l'Atlantique. Construit et équipé à New-York, il fit route pour Liverpool en 1819, continua jusqu'à Saint-Pétersbourg et retourna à New-York en traversant l'Atlantique ; il avait marché à la vapeur pendant toute la durée du voyage. De 1842 à 1845, la corvette *le Driver*, de Sa Majesté Britannique, fit le tour du monde sous le commandement des capitaines Harmer et Hayes.

7. Il est intéressant de savoir que dès 1785, M. Bramah obtint un brevet d'invention pour un propulseur immergé, ressemblant à une voile de moulin à vent, c'est le texte du brevet ; depuis, d'autres personnes ont obtenu des brevets pour des propulseurs construits d'après le même principe *windmill-sail* (1) ; c'était un indice en faveur de son efficacité. En 1836, le capitaine Erecsson, né en Suède, obtint en Angleterre un brevet pour un propulseur à hélice : un bâtiment, construit par cet officier et muni du propulseur qu'il avait inventé, fut essayé en présence du premier lord de

_____

(1) En virle de moulin à vent.

l'Amirauté et de l'inspecteur général des constructions navales. Le succès fut complet, dit-on ; mais,
la nouvelle machine n'ayant pas obtenu l'approba-
tion du gouvernement, le capitaine Stockton, de
la marine des États-Unis, qui était en ce moment à
Londres, eut l'attention de recommander chaude-
ment Erecson aux autorités maritimes de l'Amérique. Un nouveau bâtiment, muni d'un propulseur à hélice, fut construit en Angleterre par suite
de cette nouvelle direction : il était en fer. Après
avoir traversé l'Atlantique, il fut employé sur la
Delaware et le canal du Rariton. C'est le premier
navire qui ait fourni une démonstration pratique
de la possibilité d'employer l'hélice à la navigation
en pleine mer aussi bien que sur les rivières.

Démonstration du principe de la détente.

8. Le principe de la détente est le plus grand
perfectionnement qui ait été introduit dans l'emploi de la vapeur ; car, il réunit les deux conditions
essentielles de la force et de l'économie. C'est aujourd'hui l'usage de laisser introduire la vapeur
sous une pression de 20 à 40 livres par pouce
carré, soit 1 atmosphère $\frac{1}{7}$ à 2 atm. $\frac{4}{5}$, dans le cylindre des machines à vapeur marines, jusqu'à ce

que le piston ait parcouru les deux ou trois cinquièmes de sa course, et de fermer le registre d'introduction; en sorte que, la vapeur se détend en
vertu de sa force élastique et fait parcourir au piston le reste de sa course.

9. Si une vapeur d'une pression donnée agissait
uniformément sur la surface du piston pendant
toute la course, le moment efficace du travail développé pourrait être exprimé par pal, p étant la
pression par pouce carré, l la longueur de la course
en pouces, a la surface du piston en pouces carrés ; mais, si l'introduction de la vapeur est supprimée quand le piston a parcouru une portion de
sa course exprimée par ml; m étant la fraction
convenable, le moment efficace ou travail mécanique, pendant le reste de la course, sera exprimé
par l'intégrale $\frac{a\,pm\,l\,dx}{x}$, x variant entre les limites
$x = ml$, $x = l$; tandis que la pression de la va-
peur, en un point de la course, est en raison inverse
de l'espace qu'elle occupe, ou, si l'on veut, de la
distance du piston au point qu'il occupait quand
l'introduction a été supprimée. Cette intégrale est
$apml$ hyp. log. $\frac{1}{m}$ qui, ajouté à $apml$, travail mécanique développé avant que la vapeur ne soit interceptée, donne pour somme le travail mécanique

total. Si $m = \frac{2}{15}$, l'hyp. log. $\frac{1}{10}$ est égale à 2 environ, et tout le travail mécanique devient $\frac{1}{3}$ apl.
Ainsi avec $\frac{2}{15}$, ou moins de $^1/_7$ de la même quantité
de vapeur, et par conséquent de combustible, on
obtient une puissance d'environ $\frac{1}{3}$ de ce qu'elle eût
été si la vapeur avait agi sans détente. Il suit de là,
qu'une vapeur dont la force élastique est deux fois
et demie aussi grande que celle d'une autre vapeur,
la première étant employée avec détente et interceptée quand le piston a parcouru les deux
quinzièmes de sa course, produira le même travail
mécanique que la vapeur de moindre force agissant sans détente : car la consommation de vapeur,
et par conséquent de combustible qui lui est proportionnelle, n'est, dans le premier cas, que le
tiers (savoir : $2\frac{1}{2} \times \frac{2}{15} = \frac{1}{3}$,) de ce qu'elle serait dans le second. Observons néanmoins que, pour
résister à une vapeur d'une force double, il faut une
machine deux fois aussi résistante qui pourrait être
deux fois aussi lourde. Dans les recherches ci-dessus, on ne tient pas compte des effets du frottement
sur le mouvement du piston. Ce frottement et le
vide imparfait du cylindre occasionnent une perte
de force considérable dans n'importe quelle machine à vapeur.

10. L'expérience a paru démontrer qu'on peut estimer à environ un cinquième du travail mécanique l'effet de ces forces résistantes réunies. La perte de chaleur résultant de l'expansion des gaz, quand la vapeur agit avec détente, augmente encore cette diminution de puissance : il y aura une perte d'un vingtième environ sur la puissance totale, quand la vapeur détendue atteint le double de son volume primitif. Il en résulte, comme l'observaient MM. Seaward et Capel dans une lettre à l'honorable H. L. Corry sur l'usage de la vapeur à haute pression (1846), qu'il peut arriver un moment de la course, où la force de la vapeur soit moindre que la résistance de l'autre côté du piston, auquel cas il s'arrêterait, si ce n'était la force vive dont il était animé. Ce fait indique une limite naturelle au principe de la détente. On en a conclu qu'un cylindre ayant 3 pieds de course, dans lequel la vapeur serait interceptée au tiers de son parcours, serait presque aussi efficace qu'un cylindre de six pieds, dans lequel la vapeur serait interceptée au sixième de la course, la consommation de combustible étant d'ailleurs égale. On recommande, dans les machines de mer, de ne pas employer pour la détente une vapeur ayant plus de 10 à

12 livres de pression par pouce carré, non compris
la pression atmosphérique. C'est deux atmosphères à deux atmosphères et demie, et MM. Seaward
et Capel proposent d'intercepter la vapeur à la
moitié ou aux trois cinquièmes de la course dans
les machines à haute pression.

11. Les machines à vapeur marines d'aujour-
d'hui passent pour être de vingt à cinquante fois
fois aussi puissantes que celles que l'on a employées à la propulsion des navires dans les premiers temps. Les grandes vitesses que l'on a obte-
nues, et la diminution dans la consommation du
combustible sont dues à l'adoption du principe des
vagues, dans les formes données à l'avant des navires ; aux améliorations apportées dans la construction des machines, ainsi que dans l'emploi
des vapeurs à haute pression.

Les roues à aubes et l'hélice.

12. Les roues à aubes et l'hélice sont les seuls
moyens de propulsion qui aient obtenu la sanc-
tion de l'expérience et que l'on a généralement
adoptés ; à bord des navires à vapeur, il y en a de

plusieurs sortes : examinons d'abord les roues à
aubes.

Les roues à aubes.

13. Le mouvement combiné des tiges du piston
dans les deux cylindres à vapeur d'une machine de
mer, agissant par le moyen de balanciers sur le
grand arbre des roues à aubes, les fait tourner autour d'un axe commun, et la réaction de l'eau contre les aubes oblige le navire à avancer à mesure
qu'elles tournent.

14. Quand les aubes sont fixées à demeure dans
le plan du grand arbre, ainsi que c'est l'usage, elles
entrent dans l'eau obliquement, et c'est seulement
quand une aube est dans une position verticale à
l'aplomb du grand arbre qu'il y a réaction directe
de l'eau ; dans toutes les autres positions, les aubes
pressent l'eau dans une direction oblique au mouvement du navire. En entrant dans l'eau, les aubes
exercent une pression dirigée vers le bas, tandis
qu'à leur émersion elles soulèvent une masse liquide , et ces deux mouvements contraires déter-
minent de violents efforts, des vibrations dans tout
le navire.

15. L'immersion de l'aube inférieure, *the dip*, devrait être en général égale à sa largeur, en sorte que son arête supérieure fût à fleur d'eau. Si l'immersion est moindre, la machine perd une portion de sa puissance effective pour faire marcher le navire; si elle est plus grande, la machine emploie une partie de sa puissance à vaincre une plus grande résistance pour comprimer et soulever alternativement des masses d'eau plus considérables lors de l'immersion et de l'émersion des aubes.

16. Le diamètre des roues à aubes ne devrait pas excéder quatre fois et demie la longueur de la course du piston. Car, s'il était plus grand, le recul, c'est-à-dire la perte de puissance résultant du mouvement de l'eau qui fuit en arrière, serait augmenté. Avec des roues établies dans cette proportion, le recul serait d'environ vingt pour cent : l'arête intérieure de l'aube devrait avoir autant que possible la vitesse du navire; le recul atteindrait ainsi son minimum.

17. Chaque aube devrait avoir pour longueur le tiers ou un peu plus du tiers du diamètre des roues. Quand ce diamètre excède quatre fois et demie la longueur de la course du piston, les machines or-

dinaires ne peuvent développer toute leur puissance. Cette puissance correspond à la vitesse du piston que l'on suppose de 200 à 220 pieds par minute, soit 60 à 66 mètres. Pour obtenir ce résultat avec des roues d'un plus grand diamètre, il faudrait diminuer la largeur des aubes, ce qui augmenterait considérablement le recul, surtout dans les circonstances contraires.

18. Telles sont les meilleures proportions pour les navires destinés à naviguer en mer; leur machine produira tout son effet quand ils seront à leur tirant d'eau moyen. Pour les bâtiments de rivière, le diamètre des roues pourrait avec avantage n'avoir que quatre fois la longueur de la course du piston ; il est évident que les bâtiments de mer ont besoin d'avoir leurs aubes plus profondément immergées que les navires de rivière, puisque le roulis soulève fort souvent leurs roues hors de l'eau.

19. D'après les dimensions connues des roues à aubes sur plusieurs navires de guerre, il paraît que les diamètres des roues varient à peu près comme la racine carrée de la force des machines mesurée en chevaux : à bord d'un navire dont la machine a une force de 200 chevaux, le diamètre des roues

est d'environ 20 pieds entre les arêtes extérieures
des aubes, la longueur des aubes un peu moindre
que la moitié du diamètre des roues ; et leur largeur est comprise entre le neuvième et le dixième
du diamètre. Par conséquent, si la circonférence
d'une roue de vingt pieds est munie de vingt aubes
de deux pieds, quand l'arête supérieure de l'aube
la plus basse sera à fleur d'eau, il y aura trois
aubes immergées totalement ou en partie ; une
quatrième sera prête à entrer dans l'eau, et une
cinquième sera prête à émerger.

Résistance des fluides, maximum d'effet des roues à aubes.

20. Si un navire est maintenu en repos pendant
que ses roues tournent, la réaction de l'eau contre
une aube sera la plus grande possible, quand
l'aube sera dans une position verticale : il n'en est
pas ainsi quand le navire est en mouvement.

Fig. 1. Soit S le centre de rotation de la roue, AB
la position momentanée d'une aube faisant avec la
verticale SZ un angle ZSB représenté par θ, soit V la
vitesse du point C, centre de pression de l'aube AB,
V' la vitesse horizontale du navire dans l'eau ; en

vertu du théorème de la décomposition des forces
ou des vitesses, V' cos. θ représentera la vitesse de
l'aube AB dans une direction perpendiculaire à sa
surface : par conséquent, $V - V'$ cos. θ exprimera
la vitesse relative du navire et de l'aube dans une
même direction ; mais la résistance d'un fluide
contre un corps se mouvant dans son milieu varie
comme le carré de la vitesse. L'expérience a démontré que cette règle est à peu près exacte, nonobstant la perturbation de l'eau par suite du mouvement de rotation de la roue, par conséquent,
$(V - V'$ cos. $\theta)^2$ peut exprimer la force de résistance ou la pression de l'eau sur l'aube ; multi-
pliant par V, le produit donnera le moment de la
résistance dans une direction perpendiculaire à la
surface de l'aube : donc $(V - V'$ cos. $\theta)$ V cos. θ
sera la force effective qui pousse le navire horizontalement. Pour l'aube verticale, $\theta = o$ et l'expression devient $(V - V')^2 V$.

21. Mais, dans ces expressions algébriques, on
suppose les aubes totalement immergées, ce qui
ne peut avoir lieu pour les aubes obliques quand
l'arête supérieure de l'aube verticale est seulement
à fleur d'eau, car alors la portion immergée d'une
aube oblique est exprimée par SB — SA séc. θ, ou

en représentant par r le rayon de la roue, par a la différence entre ce rayon et la largeur d'une aube, par $r - a$ séc. θ; le rapport qui existe entre la résistance sur une aube verticale et une aube oblique sera donc exprimé par

$$\frac{(V - V')\ b\ V}{(V - V' \cos \theta)^2\ V\ (z \cos \theta - a)}$$

Ces expressions, traduites en nombres pour différentes valeurs de θ, prouvent que la première est moindre que la seconde, jusqu'à ce que la portion de l'aube qui est hors de l'eau occasionne une diminution de puissance compensant la supériorité qui résulte de l'obliquité.

Faisant la différentielle de la dernière expression égale à zéro, on obtient la valeur de θ pour une résistance maximum. Prenons $V' = \frac{4}{5} V$, $r =$ pieds, $a = 8$ pieds, on a : $b = 2$ pieds, et la plus grande résistance a lieu quand $\theta = 18°$; et sous cet angle la puissance de l'aube verticale est à celle de l'aube oblique comme 10 est à 10,865. Par conséquent, la résistance sur l'aube verticale est moindre que sur l'aube oblique, quand celle-ci opère sous l'angle le plus efficace. Si donc on voulait obtenir des vitesses égales à bord de deux navires, l'un muni

d'aubes ordinaires, l'autre d'aubes toujours verticales, les roues ayant d'ailleurs les mêmes dimensions, il faudrait que les aubes verticales fussent
animées d'un mouvement plus rapide, et il en résulterait une plus grande consommation de vapeur
et de combustible.

Position des aubes.

22. Si un navire à aubes demeurait en repos,
chaque point des rayons de ses roues décrirait un
cercle à chaque révolution; mais, si le navire
avance, chaque point d'un rayon décrira une
courbe qui sera la cycloïde ordinaire quand le navire avancera d'une quantité égale à la circonférence
du cercle décrit par le point en question; chaque
point plus éloigné du centre décrira une cycloïde
contractée; les points plus rapprochés décriront
des cycloïdes allongées.

23. La figure ci-après (*fig.* 2) a pour objet de
montrer les courbes décrites par deux points pris
à l'intérieur et à l'extérieur d'une aube, et les diverses positions occupées par l'aube durant la révolution de la roue.

Soit A le centre d'une roue garnie de vingt-quatre

STRATÉGIE MARITIME A VAPEUR.

aubes, et T un point pris sur l'arête extérieure de l'aube verticale ; supposons que la roue tourne autour du point A dans la direction T*abc*, et en même temps que, par suite du mouvement du navire, le point A soit transporté en B, la ligne AB étant égale à la circonférence du cercle roulant décrit par le point *u* ; alors, si on divise AB en vingt-quatre parties égales A,, 1.2, 2.3... etc; l'aube, qui était d'abord en T, prendra successivement les positions 1E, 2D, 3F, et quand elle coïncidera avec la direction AC, le centre étant au point 6, la roue aura fait un quart de révolution et le point T aura décrit la courbe TEDF.. C, tandis que le point inférieur de l'aube *t* aura décrit une courbe correspondante ; le navire continuant son mouvement rectiligne et la roue sa révolution, le point T décrira la courbe CPX, et quand A sera arrivé en C, l'aube redeviendra verticale, occupant la position CX, la roue ayant fait une demi-révolution... Les positions occupées par les points T et *t*, pendant la seconde demi-révolution de la roue, sont situées sur deux courbes symétriques et semblables à celles que nous venons de décrire, et la révolution étant achevée, les points T*t* se trouvent en T'*t'*, tandis que le centre A de la roue est situé en B. Si

PK représente la flottaison, les lignes obliques situées dans le secteur PXK indiquent les diverses directions de l'aube quand elle est immergée.

On peut trouver la position du point u en divisant la vitesse en pieds du navire pendant une heure par le nombre de tours de roue développés pendant le même temps, ou, si l'on veut, par le nombre de coups doubles du piston pendant une heure : le quotient sera la circonférence en pieds du cercle, dont le rayon est Au, et que l'on nomme *cercle roulant*. A bord des navires à vitesse moyenne, le rayon du cercle roulant est d'environ les deux tiers du rayon de la roue, à partir du centre de rotation.

On nomme centre de pression d'un plan de révolution le point sur lequel serait concentrée toute la pression, si elle était uniformément distribuée sur toute la surface. Dans les roues à aubes, la position de ce centre varie avec la profondeur de leur immersion, et si l'on suppose que sa position approchée du centre de la roue soit égale à $r - \frac{1}{3} b = r'$, et que l'expression

$$(V - V' \cos \theta) \, V \, (r \cos \theta - a) \, r' \, d\theta$$

soit intégrée dans les limites de θ, on aura pour ré-

sultat la pression totale exercée sur la roue qui sera
équivalente à la puissance de la machine. C'est
l'usage aujourd'hui de mesurer la force effective
des machines au moyen de l'indicateur ou du dynamomètre. Il en sera parlé ci-après.

Forme de l'hélice.

24. Si l'on trace sur la surface convexe d'un cylindre une ligne spirale coïncidant avec l'hypothé-
nuse d'un triangle rectangle qui serait enroulé autour du cylindre, la base du triangle étant égale à
la circonférence du cylindre et dans un plan perpendiculaire à l'axe, et qu'à chaque point de la
spirale on élève des lignes perpendiculaires à l'axe,
ces lignes seront situées tout entières dans la surface des ailes ou lames de l'hélice qui, comme on
sait, est engendrée par une ligne assujettie à se
mouvoir perpendiculairement à l'axe du cylindre,
en suivant la spire qui a été tracée comme il a été
dit ci-dessus. Toutes les perpendiculaires étant
d'égale longueur, leur extrémité extérieure for-
mera la périphérie de l'hélice. On appelle pas de
l'hélice, *pitch*, la distance entre les deux points
extrêmes de cette périphérie mesurée parallèlement à l'axe du cylindre.

25. Si une hélice ainsi formée est appliquée à un corps flottant, un navire par exemple, de telle sorte que son axe soit horizontal et que l'hélice tourne dans l'eau autour de cet axe au moyen d'une machine à vapeur, la pression exercée sur l'eau par la surface d'une aile sera accompagnée d'une réaction équivalente, et la composante de cette force de réaction, qui agit dans une direction parallèle à l'axe, fera marcher le navire en avant. La réaction de l'eau contre un point quelconque de l'aile dépendra de la vitesse de rotation de l'hélice, de la profondeur de son immersion et de diverses autres circonstances.

26. Si l'eau, comprimée par la surface postérieure des pales d'une roue à aubes ou par les ailes d'une hélice, demeurait immobile de manière à former un écrou parfait, toute sa force de réaction serait utilisée pour la propulsion du navire ; mais il n'en est pas ainsi : l'eau, comprimée par l'aube ou par l'aile, fuit en arrière et, par conséquent, la réaction qui s'opère n'est due qu'à la différence existant entre la vitesse de rotation de l'aube ou de l'hélice et la vitesse avec laquelle l'eau se dérobe au mouvement.

Il faut encore observer que l'action de l'eau sur

la surface antérieure d'une aube de roue ou d'une
aile d'hélice est encore une cause de retard dans le
mouvement du navire.

Si le pas d'une hélice est de dix pieds, à chaque
révolution le navire devrait avancer de dix pieds;
mais, à cause des divers obstacles dont il vient
d'être question, il n'avancera que de huit pieds.

Le tableau ci-après est destiné à faire connaître
la perte de vitesse occasionnée par le recul sur huit
bâtiments à roues. On jugera par induction pour
les navires à hélice.

NOMS DES NAVIRES.	FORCE EN CHEVAUX VAPEUR.	DIAMÈTRE DES ROUES EN PIEDS.	NOMBRE DE COUPS DE PISTON.	VITESSE EN MILLES PAR HEURE.	DIAMÈTRE AU centre de pression	VITESSE DUDIT CENTRE.	PERTE DE VITESSE PAR LE RECUL.
		p.		m.	pieds.	pieds.	
Messenger....	200	19.93	20 ½	9.75	17.65	12.92	3.17
Salamandre..	220	20.33	15	8.15	18.36	9.83	1.68
Phénix.......	220	20.33	21	11.70	18.57	13.92	2.22
Monarque....	200	21.	20 ½	10.72	19.31	14.13	3.41
Hermès.......	140	17.50	18	6.30	15.86	10.29	3.89
Firebrand....	140	17.	24	10.15	15.38	13.18	3.03
Firefly.......	140	17.50	20	8.30	15.81	11.29	2.99
Magnet.......	140	17.50	29 ½	9.15	11.77	12.30	3.24
			Moyenne	9.03		12.23	3.20

Ce tableau démontre que le recul fait perdre environ un tiers de la vitesse effective; le rapport de
la perte de vitesse à la vitesse totale est extrêmement variable à bord du même navire.

27. Dans les premiers temps, on a employé des
hélices développant un tour entier autour de leur
arbre, mais la pratique fit bientôt reconnaître le
vice de cette construction. En effet, il en résultait
un grand effort de torsion sur un côté de l'arbre,
et les pièces de la machine s'en trouvaient dérangées ; en outre, la violence des vibrations de l'hélice déliait l'arrière, qui est la portion la plus faible
des navires à hélice. On avait cru tout d'abord que
toutes les parties de la surface de l'hélice étaient
douées de la même efficacité pour faire marcher le
navire, et en conséquence on construisait des hélices faisant un tour et plus autour de leur moyeu :
on était dans l'erreur. Car l'efficacité de l'hélice
dépend de sa vitesse de rotation autour de son axe
et non pas de la longueur de sa surface de révolution.

28. La portion la plus efficace de l'aile d'une
hélice est située près de son périmètre, et l'action
sur l'eau diminue à mesure qu'on se rapproche
du moyeu. Toutefois, les recherches scientifiques

que l'on a faites sur la force propulsive des hélices n'ont appris que très-peu de chose, et le
sujet est si compliqué, la formule qui exprime les
conditions de la plus grande efficacité si complexe,
qu'on ne saurait en faire qu'une application extrêmement restreinte dans la pratique.

29. La réaction de l'eau sur une hélice faisant
deux ou trois tours ne serait pas plus forte que sur
une hélice qui ne développerait qu'un seul tour.
Car les parties correspondantes dans chaque tour
opéreraient à la fois, et l'eau comprise entre la partie postérieure d'un tour et la partie antérieure du
tour suivant serait à peu près en repos.

30. L'expérience a démontré qu'un navire n'é-
prouvait aucune diminution dans sa vitesse quand
son hélice était réduite aux trois quarts, à la moitié
et même à moins d'un tiers de tour, la puissance
de la machine restant d'ailleurs la même. La cause
de ce phénomène n'est pas sans présenter quelque
incertitude; mais l'explication donnée à l'auteur
par M. Lloyd, directeur général du service à vapeur de l'Amirauté, est la plus satisfaisante qui ait
été proposée jusqu'à présent. Si l'on coupe par des
plans perpendiculaires à l'axe une hélice faisant
un tour de révolution, et que l'on suppose les sec-

tions très-rapprochées l'une de l'autre, les diverses
sections que l'on obtiendra ainsi formeront une
sorte d'éventail, s'étendant d'un bout à l'autre du
moyeu de l'hélice. Admettons maintenant que l'eau
dans laquelle l'hélice est mise en mouvement soit
immobile : la lame d'eau verticale sur laquelle
agira la première section sera pressée avec une
certaine force vers l'arrière de l'hélice ; l'hélice
continuant à tourner, cette eau qui s'éloigne est
poussée vers l'arrière par la seconde section, mais
avec moins de force qu'auparavant, à cause du
mouvement de retraite communiqué à toute la
masse d'eau ; une portion de cette eau est pressée
par la troisième section pendant la révolution de
l'hélice et toujours poussée en arrière, mais avec
une force amoindrie, puisque l'eau se soustrait de
plus en plus au mouvement, jusqu'à ce qu'on arrive à l'extrémité de l'hélice.

31. Ainsi la pression de l'hélice sur l'eau, et par
suite la réaction de l'eau sur le navire, va toujours
en diminuant, et le mouvement de retraite de l'eau,
c'est-à-dire le recul de l'hélice, augmente proportionnellement avec la longueur de l'hélice. La diminution dans la force propulsive est sans doute
peu de chose quand la vitesse de rotation est faible,

et dans ce cas une hélice, développant un tour entier, pourrait présenter quelques avantages ; mais,
quand la vitesse de rotation est grande, il est probable que la puissance propulsive de la partie arrière de l'hélice devient si petite qu'on peut l'enlever sans diminuer la vitesse du navire d'une manière appréciable : en effet, l'expérience a démontré que, dans les grandes vitesses de rotation, une
aile, ayant un tiers ou un quart de tour, suffit pour
développer totalement la force motrice.

32. On a supposé jusqu'ici que l'eau arrivait librement sur l'hélice, et qu'après avoir été comprimée par les ailes, elle fuyait librement vers l'arrière ; mais ni l'une ni l'autre de ces deux suppo-
sitions n'est complètement exacte. Car, l'hélice
étant placée dans une ouverture pratiquée dans les
façons du navire, l'eau, divisée par le corps du navire en mouvement, arrive obliquement sur les
ailes de l'hélice et se trouve brisée sur l'étambot et
le gouvernail, après avoir été comprimée par les
ailes de l'hélice durant sa rotation, en sorte qu'elle
est assujettie à marcher dans le sens du mouvement du navire. La puissance de l'hélice est ainsi
modifiée dans une certaine mesure, et il est arrivé
certains cas particuliers où le recul de l'hélice a été

trouvé négatif. C'est-à-dire que la vitesse observée
du navire s'est trouvée supérieure à la vitesse théorique résultant de la force de la machine.

Meilleures formes d'hélice.

33. D'après ces considérations et après des expériences répétées, on a trouvé que la meilleure
forme à donner aux hélices était celle d'une aile à
surface héliçoïdale, divisée en deux moitiés placées
dans des positions inverses sur les deux côtés opposés de l'arbre. Ces ailes n'occupent que la moitié
de l'espace en longueur qu'elles eussent occupé
en les plaçant autrement, et on les a trouvées plus
efficaces que les hélices à surface continue qu'on
employait dans les premiers temps.

Les deux ailes ou sections qui composent l'hélice usitée actuellement ont généralement un pas
uniforme, c'est-à-dire que, si chaque aile était
coupée en deux parties égales par un plan perpendiculaire à l'axe, on obtiendrait deux figures égales
et semblables, chacune des deux ailes occupant
d'abord la moitié d'un tour complet; mais on a
construit des hélices ayant une longueur beaucoup
moindre et avec *un pas croissant.* Ainsi, si l'on

imagine une hélice entière coupée en deux par un
plan perpendiculaire à son axe, la première section
étant à la seconde comme 11 est à 12, le pan d'é-
ventail antérieur occupera la portion la plus courte,
et le pan postérieur la portion la plus longue ; et la
distance entre les extrémités des ailes, mesurée
parallèlement à l'axe, sera la moitié du pas entier
de l'hélice complète. Telles sont les hélices de
Woodcroft. Dans les hélices de M. Atherton, les
deux sections sont égales et semblables l'une à
l'autre ; mais les deux ailes sont faites de telle sorte
que les portions les plus rapprochées de l'axe ap-
partiennent à des hélices d'un pas plus petit que
celles situées plus en dehors, en sorte que le pas
de l'hélice va en augmentant depuis l'axe jusqu'au
périmètre.

34. L'effet de l'eau sur les ailes de l'hélice se démontre d'une manière analogue à celle qui a été
exposée pour la propulsion des roues à aubes.

Fig. 3. Soit CD une ligne horizontale parallèle à la
quille ou à l'axe de l'hélice ; par cette ligne faisons
passer un plan perpendiculaire à l'aile de l'hélice,
dans lequel ZC soit perpendiculaire à CB, soit AB
l'intersection de ce plan avec la surface antérieure
de l'aile ; supposons que AB soit une ligne droite,

et observons que le plan vertical, dans lequel un point quelconque C, pris sur AB, tourne autour de l'axe de l'hélice, est perpendiculaire à cet axe et à la ligne horizontale CD.

Maintenant, représentons par V la vitesse du point C pendant la révolution de l'hélice, et supposons qu'elle agisse dans la direction ZC. Soit V' la vitesse horizontale de C, dans la direction CD, par suite du mouvement du navire ; soit aussi l'angle ZCB $= \theta$, alors ZCD étant un angle droit, V' cos θ sera la composante de la vitesse du navire perpendiculaire à AB, et V sin θ la composante de l'hélice perpendiculaire aussi à AB, en sorte V sin θ — V' cos θ représente la vitesse relative de l'hélice et du navire dans la même direction. Il suit de là que (V sin θ — V^2 cos θ) exprime le moment effectif de l'eau pour pousser le navire horizontalement.

Faisant V' $=$ nv, l'expression devient : V^2 (sin θ — n cos θ)^2 cos θ, c'est une quantité maximum.

Faisant la différentielle égale à zéro et réduisant, on aura

$$\text{tang. } \theta = \frac{3\,n}{2} + \frac{1}{2}\,(0\,n^2 + 8)\tfrac{1}{2}$$

Si v' $= \frac{1}{2}$ v ou n $= \frac{1}{2}$ on aura $\theta = 67°\,57$ ou $139°\,27$.

Quand l'angle ZCB $=$ θ est de 67° 57' la composante verticale du mouvement de AB est située au-dessus et se dirige vers Z ; dans le second cas, l'aile occupe la position A'CB' et la composante est dirigée vers le bas. Si n diminuait, la valeur de θ serait plus petite ; mais la vitesse du point C étant d'autant plus grande qu'il est plus éloigné de l'axe, si n diminue, l'angle ZCB diminuera également ; ce qui montre que AB, au lieu d'être une ligne droite, devrait être une ligne courbe telle, qu'une tangente menée en l'un de ses points ferait un angle plus petit avec la ligne perpendiculaire à l'arbre, que celui fait par une tangente menée sur un point plus rapproché de l'axe de l'hélice.

Inconvénient des roues à aubes ordinaires.

35. Tout propulseur, que ce soit une roue à aube ou une hélice, devrait être construit et établi de telle sorte, qu'il trouble l'eau le moins possible dans les directions qui n'ont pas pour objet immédiat le mouvement du navire. Cette condition n'est remplie que très-imparfaitement dans les roues à aubes ordinaires, car, en entrant dans l'eau, les aubes la poussent vers le bas, tandis qu'en émergeant elles la soulèvent. Ce double effort absorbe

mal à propos une portion considérable de la force
de la machine, et il se forme une vague négative
qui ébranle le navire.

36. M. Galloway a pris, en 1829, un brevet pour
une invention destinée à obvier à ces inconvénients.
Les aubes de ses roues ont un mouvement propre,
en sorte qu'elles entrent dans l'eau, la traversent,
et émergent en se maintenant dans la position la
plus avantageuse pour la propulsion du navire ; la
vibration et la perte de puissance sont beaucoup
moindres que pour les roues ordinaires. Le mécanisme placé de chaque côté du navire se compose
de deux roues non concentriques fixées sur le grand
arbre. Un petit bras en fer, fixé sous un angle de
120 degrés à chaque aube, lui communique un
mouvement angulaire autour d'un axe horizontal
qui traverse les extrémités des rayons des roues, au
moyen d'un levier plus long dont l'une des extrémités est articulée sur le bras de l'aube, et l'autre
extrémité sur le moyeu de l'excentrique. Pendant
la révolution de la double roue, l'angle de la tige
avec le petit bras attaché sur l'aube, varie cons-
tamment et détermine une variation correspondante dans l'angle de la tige avec les rayons
de la roue , en sorte que par un ajustement

convenable de la longueur de la tige, l'aube entre
dans l'eau et en sort sous un angle d'environ 30°
avec la verticale; c'est celui sous lequel la réaction
de l'eau contre l'aube est la plus favorable à la
marche du navire.

37. Ce perfectionnement était destiné à augmenter la vitesse des steamers à roues, et les meilleurs
navires de mer sont aujourd'hui munis d'aubes mobiles (le yatch de S. M. B. Victoria and Albert et beaucoup d'autres); elles sont particulièrement avantageuses à bord des packets, qui ont à faire de courtes
traversées, et dont le tirant d'eau varie très-peu.
Quant aux navires employés à des voyages de long
cours, aux navires de guerre susceptibles de faire
de longues croisières, leur tirant d'eau varie nécessairement dans des limites trop grandes pour qu'on
puisse les employer avec avantage. On est obligé
de recourir à l'opération longue et difficile de démonter les aubes. Dans les expériences comparées
entre *le Basilic* à roues et *le Niger* à hélice, on
avait commencé par démonter les aubes du premier, à mesure qu'il s'allégeait; mais on y trouva
tant d'inconvénient qu'on finit par les fixer au tirant d'eau moyen. Quand les aubes sont profondément immergées, comme cela a lieu à bord des na-

vires très-chargés, leur action est matériellement empêchée, et une grande partie de la puissance de la machine absorbée sans profit ; mais, d'un autre côté, quand les navires sont trop peu chargés, les aubes n'ont pas assez de prise sur l'eau et le recul est considérablement augmenté. Dans le premier cas, quand on aurait besoin d'une force plus grande pour vaincre la résistance supérieure qui s'oppose à la marche du navire, c'est le contraire qui a lieu ; puisque les aubes ayant à soulever une plus grande masse d'eau, la force se trouve diminuée d'autant, et on aurait besoin de les rapprocher du centre ou tout au moins d'enlever la pale extérieure, (quand il y en a trois). A ces inconvénients, il faut ajouter celui du roulis dans les grosses mers : une des roues est totalement immergée parfois, tandis que l'autre tourne pour ainsi dire dans l'air.

Trépidation de l'hélice.

38. Quels que puissent être les avantages de l'hélice sous d'autres rapports, il est à craindre que l'ébranlement continuel qu'elle communique à l'arrière des navires ne finisse par endommager leurs liaisons. On n'a pas encore fait d'expériences à grandes vitesses assez longtemps prolongées pour

arriver à une conclusion : on devrait faire des expériences de cette nature sur diverses classes de navires, et les pousser à outrance, particulièrement à
bord des frégates, des blocks-ships et des vaisseaux
de ligne. Il existe quelques indices pour qu'on n'arrive pas à des résultats satisfaisants ; et, dans ce cas,
on aviserait au moyen de remédier à l'inconvénient
signalé. Nul doute que l'hélice ne soit un propulseur préférable aux roues à aubes ; son grand défaut est d'être placée dans les façons du navire, et
d'être exposée aux efforts obliques d'une masse
d'eau déjà agitée.

39. Si l'eau réagissait sur l'hélice d'un steamer
de la même façon que l'écrou d'une vis à filets, le
navire avancerait d'une quantité égale au pas de
l'hélice, pendant chacune de ses révolutions ; mais
il n'en est pas ainsi dans la pratique, car l'eau fuit
sur l'arrière de l'hélice après qu'elle a produit son
effet ; et, de plus, l'eau placée sur son avant n'est
pas libre de remplir le vide occasionné par la fuite
de celle qui est à l'arrière, attendu qu'elle arrive
dans un état d'agitation dû au déplacement du navire, et que ses divers filets convergent vers l'arrière ; ce qui produit des effets contraires sur les
ailes de l'hélice et détermine un remou à l'arrière

du navire. C'est ainsi que le pouvoir propulsif de
l'hélice se trouve altéré. Si on pouvait la placer en
dehors des tourbillons de cette masse d'eau, il en
résulterait sans aucun doute de grands perfectionnements.

   40. La vapeur et le vent ne peuvent se combiner
avec avantage dans les bâtiments à roues. Tout d'a-
bord, la cheminée ne permet pas d'employer la
grande voile, comme l'ont constaté les expériences
du *Reynard* et du *Plumper ;* en outre, par une
faible brise du travers, les aubes sous le vent sont
trop immergées et celles du vent pas assez pour développer leur effet. Par les grandes brises de l'arrière, un navire marcherait plus vite avec les voiles
ou le vapeur agissant isolément, qu'en les combinant
ensemble. C'est un fait démontré, que les voiles peuvent à peine être utiles si on n'a rendu les roues
préalablement indépendantes de la machine, ce
qui offre de grandes difficultés, particulièrement
quand il faut les réunir. L'expédient qui consiste à
démonter un certain nombre d'aubes et à mettre
dans l'eau les rayons dégarnis, est des plus délicats
à mettre en pratique, et il pourrait en résulter les
plus grands inconvénients pour un steamer de
guerre; qui doit être à tout instant prêt à développer

toute sa puissance. Rien n'est plus facile, au contraire, que de rendre une hélice indépendante.
Aussi les navires à hélice font-ils voile ou vapeur à
volonté, beaucoup plus facilement que les navires
à roues. C'est ainsi qu'on peut garder leur vapeur
en réserve pour les calmes, les grands vents debout
ou quelques circonstances de guerre.

41. Les aubes mobiles ont un inconvénient pour
les navires de guerre, car elles sont plus exposées
aux atteintes du boulet que les aubes ordinaires.
Stratégie à vapeur de M. Kinnon. L'expérience a
démontré qu'un boulet pouvait traverser les rayons
d'une roue à aubes ordinaires, sans les démonter et
même sans les toucher : cela arriverait rarement
avec des aubes mobiles.

42. Aussi, continue-t-on à employer les aubes fixes
dans la marine militaire; mais on les a perfectionnées d'après le brevet d'invention de M. Field,
1833. Chaque aube est divisée en plusieurs pales
étroites, placées l'une derrière l'autre, avec des in-
clinaisons correspondant à la cycloïde qu'elles doivent décrire. En France, les aubes sont divisées en
trois parties; deux de ces parties sont placées sur
un côté de l'épaisseur du rayon, et l'autre sur le
côté opposé. Les aubes Field pénètrent dans l'eau

l'une après l'autre, d'une manière continue, et permettent à une grande partie de l'eau de s'échapper
dans leurs intervalles, soit quand elles s'abaissent,
soit quand elles remontent, en sorte, néanmoins,
que tous les filets de la masse liquide étant intercep-
tés sous l'angle favorable, la machine développe à
propos toute sa puissance. Aux États-Unis, on a
adopté une combinaison de deux roues juxta-po-
sées et dont les aubes sont disposées de telle sorte,
qu'une aube de l'une correspond au milieu de deux
aubes de la roue jumellée. Les roues américaines
ont un fort grand diamètre, et comme elles sont
excellentes dans les eaux tranquilles, on leur donne
la préférence sur celles qui ont été imaginées en
Europe pour obvier à l'inconvénient des aubes
rayonnantes (Lardner).

L'indicateur et le dynamomètre.

43. L'indicateur et le dynamomètre sont deux
instruments destinés à déterminer la puissance des
machines à vapeur. L'indicateur fait connaître les
diverses pressions de la vapeur dans le cylindre à
chaque point de la course du piston. Le dynamo-

mètre mesure la force de propulsion de la machine
sur le navire.

L'indicateur est un petit cylindre de cuivre ouvert à sa partie supérieure, et dont la partie inférieure est taraudée de manière à se visser sur le
couvercle ou le fond d'un cylindre à vapeur. Un robinet placé sur le pied de l'indicateur le met en
communication alternative avec la vapeur et le condenseur, dans la partie du cylindre qui lui correspond. Un petit piston, hermétiquement fermé à la vapeur, fonctionne dans l'intérieur de l'indicateur au
moyen d'un ressort en spirale fixé par une extrémité à la partie supérieure du petit cylindre, et
dont l'autre extrémité est renfermée dans un petit
tube fixé lui-même sur le petit piston. Supposons
que l'indicateur étant vissé sur le couvercle du cylindre, on ouvre le robinet du pied, pendant que la
partie supérieure du piston est en communication
avec le condenseur; la pression de l'atmosphère
agissant sur le petit piston, le forcera à descendre
vers le fond de son cylindre et détendra le ressort,
jusqu'au moment où la vapeur étant introduite
dans la partie supérieure du piston du cylindre à
vapeur, elle pénétrera en même temps dans la partie inférieure du cylindre de l'indicateur, et forcera

le piston à monter en comprimant le ressort à boudin. Un porte-crayon est fixé à angle droit sur le
tube qui enveloppe le ressort, en sorte que durant
le mouvement alternatif du piston, la pointe du
crayon décrirait sur une surface plane une ligne
droite, dont les extrémités indiqueraient les forces
ou pressions les plus grandes qui aient agi sur le
piston durant sa double course, mais sans faire
connaître la pression en aucun point particulier de
la course. Quand l'indicateur n'est pas en communication avec le cylindre d'une machine à vapeur,
son piston est maintenu en équilibre au point zéro
par les pressions égales de l'atmosphère en dessus
et en dessous. Alors le ressort à boudin a toute son
extension et ne presse nullement contre le couvercle
du piston. La pointe du crayon est arrêtée sur le
zéro d'une ligne graduée 1, 2, 3, 4, 5, etc., en
dessus et en dessous de la ligne de foi. Ces numé-
ros font connaître la tension de la vapeur en dessus
et en dessous de la pression atmosphérique, estimée
14 livres 75 par pouce carré, soit 1 k. 033 par
centimètre carré, sur les indicateurs gradués à la
manière française. (*Les premiers indicateurs dont on
ait fait usage sur les bâtiments de l'État, ont été rap-
portés d'Angleterre par M. l'ingénieur Rossin.*)

Cependant le crayon, au lieu de presser sur une surface plane, opère sur la surface convexe d'un barillet cylindrique mis en mouvement par un mécanisme particulier qui le fait tourner sur un axe parallèle à la tige du petit piston : il décrit une courbe double, dont la forme et les ordonnées indiquent à première vue la pression variable de la vapeur dans le cylindre de la machine.

44. On devrait toujours appliquer l'indicateur sur le fond aussi bien que sur le couvercle du cylindre : la pression de la vapeur, en dessus et en dessous du piston, est souvent différente, parce que l'avance à l'introduction n'est pas la même aux orifices haut et bas, et que la position de la manivelle n'est pas la même quand la vapeur est interceptée. Les conclusions générales à tirer de la courbe tracée sur la feuille de papier enroulée sur le barillet sont les suivantes :

1. Si le crayon décrit une ligne droite dirigée vers le haut ou vers le bas, le piston est au repos; mais, dans le premier cas, la pression de la vapeur introduite dans le cylindre de la machine va en augmentant; dans le second cas, elle va en diminuant.

2° Si la ligne est horizontale, dirigée vers la

droite ou vers la gauche, la pression de la vapeur ne varie pas ; mais, dans le premier cas, le piston descend; dans le second, il monte.

3. Si la ligne va obliquement à droite vers le haut, ou à droite vers le bas, dans le premier cas la pression de la vapeur augmente et le piston descend ; dans le second la pression diminue et le piston descend.

4° Si la ligne va obliquement à gauche vers le bas, ou à gauche vers le haut, dans le premier cas, la pression diminue et le piston monte ; dans le second, la pression augmente et le piston monte,

5° On peut aussi se servir de l'indicateur pour reconnaître ce qui se passe à l'intérieur de certaines parties d'une machine sans les démonter ; ainsi, il peut servir à former la courbe de régulation du tiroir : dans ce cas, le cordon qui sert à faire tourner le barillet se fixe sur la traverse du tiroir, et le crayon trace sur le papier les diverses positions du tiroir sur une courbe qui indique s'il est convenablement placé, s'il a des fuites, si les orifices à vapeur ont une dimension suffisante, etc, *Main*, dans son *Traité des machines à vapeur*, donne une description et une gravure excellente de l'indicateur. « Entre les mains d'un ingénieur habile, dit avec

raison cet auteur distingué, l'indicateur est un véritable stéthoscope de physicien : il met à nu, à
tout instant et dans toute circonstance, la puissance
active de la machine, révélant le travail intime des
parties internes et mettant à même de découvrir
les plus minimes dérangements des parties obscures. »

Dans les machines à haute pression, l'échelle de
l'indicateur s'élève beaucoup au-dessus de la ligne
atmosphérique, mais elle n'a pas besoin de descendre au-dessous.

A bord du steamer russe le *Wladimir*, qui a fait
ses essais dans la *Tamise* en 1848, la pression donnée par l'indicateur dans chaque cylindre était de
20 livres 275, moins une livre pour le frottement,
soit 19 livres 275. La surface de chaque piston
étant de 4214 pouces carrés, la longueur du piston
de six pieds, la force en chevaux pour les deux machines était de 1122 chevaux 38.

car $\frac{4214 \times 19,245 \times 6 \times 38}{33000}$ = 561 chevaux 19 pour
une machine. D'où 561 chevaux 19 $\times$ 2 = 1122
chevaux 38 pour les deux.

M. Roughton a donné la formule empirique ci-après pour calculer approximativement la vitesse en milles des steamers à roues.

$V = \frac{8\ d^2\ f s\ n}{W.\ B.\ D}$ V = vitesse en nœuds ou en milles par heure. d = diamètre du cylindre à vapeur, f pression en livres donnée par l'indicateur, s longueur de la course en pieds, n nombre des cylindres, W diamètre en pieds de la roue, moins les $\frac{2}{3}$ de la portion immergée des aubes les plus basses ; B largeur du navire en pieds, D tirant d'eau moins $\frac{1}{10}$ de B, 8 une quantité constante.

46. Le dynamomètre sert à mesurer la force d'une machine, d'après la pression exercée sur l'arbre de l'hélice. On arrive à ce résultat au moyen d'un levier simple ou composé. La réaction de l'eau sur la surface de l'hélice se résolvant en une force dans le sens de l'arbre pour faire marcher le navire, c'est cette force dont l'intensité donne la mesure de la puissance de la machine. L'extrémité de l'arbre de l'hélice presse, par l'intermédiaire d'une clavette, contre le tranchant d'un levier vertical fixé par une de ses extrémités sur un objet immobile, par exemple, la porque du palier de butée, et par l'autre, sur une tige horizontale, rattachée au ressort d'un dynamomètre, en même temps qu'à

une tige parallèle, qui porte un crayon. Un barillet cylindrique, parallèle à la tige, tourne en même temps que l'hélice, au moyen de courroies agissant sur des réas : le crayon de la petite tige décrit sur le barillet une courbe analogue à celle de l'indicateur.

47. Le ressort du dynamomètre porte un index et une échelle graduée. Quand le dynamomètre est indépendant de l'hélice, son index marque zéro ; dans ce cas, le crayon décrirait sur le barillet une ligne perpendiculaire à son axe et que l'on nomme la ligne de zéro. Mais quand l'instrument est conjugué avec l'arbre de l'hélice, le crayon décrit une courbe ondulée sur un des côtés de la ligne zéro, et les ordonnées de cette courbe font connaître le nombre de livres de pression agissant sur le ressort du dynamomètre au moyen d'une échelle dressée proportionnellement à la force du ressort. La moyenne de ces efforts, multipliée par le rapport de la longueur totale du levier à la distance du point d'appui à l'extrémité de l'arbre de l'hélice, fera connaître la pression en livres exercée sur le dynamomètre et par conséquent sur le navire. Si on multiplie cette pression par la vitesse du navire en pieds par minute, on aura le nombre d'unités

dynamiques de la force réelle de la machine : divisant par 33000, on aura la force en chevaux.

La différence de ce résultat avec celui fourni par
l'indicateur exprimera la perte de puissance provenant des frottements et résistances diverses.

Les expériences faites avec l'indicateur et le
dynamomètre ont démontré que la vitesse d'un
navire à vapeur est proportionnelle à la racine
carrée de la pression de la vapeur sur le piston, à
la racine cubique de la force de la machine exprimée en chevaux, et varie en raison inverse de la
maîtresse section, ou comme la racine cubique du
carré du déplacement.

48. L'expression en chevaux de la force d'une
machine dont on se sert ordinairement, n'indique
qu'une force nominale et nullement la force réelle
comme cela avait lieu à l'origine des machines à
vapeur. Aujourd'hui, la force nominale ne sert
qu'à faire connaître approximativement la somme
à payer aux ingénieurs-constructeurs, mais ne
montre pas la force actuellement développée. Dans
son ouvrage intitulé : *Steam-Ship capabilities*,
M. Atherton démontre, par le résumé des comparaisons établies sur dix packets, entre la force
nominale du cheval vapeur et sa force réelle, que

le cheval vapeur représente une pression de 132,000 livres ayant une vitesse de un pied par minute, et il propose d'en faire à l'avenir l'unité dynamique dans la marine, en s'en rapportant aux indications du dynamomètre. C'est une force équivalente à quatre chevaux quatre dixièmes du cheval-vapeur ordinaire.

49. Dans son ouvrage intitulé : *Economie de combustible dans les machines à vapeur*, le capitaine *Ryder* démontre aussi, par le résultat des vapeurs fonctionnant à détente dans de bonnes machines avec des pressions supérieures à sept livres par pouce carré, environ un atmosphère soixante-six centièmes, que les ingénieurs devraient renoncer à l'expression par trop vague des forces nominales en chevaux. Cette vieille unité dynamique était une conséquence des pressions moyennes de la vapeur dans les premières machines, mais elle est bien inférieure à celle que l'on obtient avec les machines plus grandes et plus efficaces adoptées aujourd'hui.

Comparaison entre l'hélice et les roues à aubes.

50. Les essais comparatifs faits en 1840 entre

les vapeurs l'*Archimède*, à hélice, et le *Widgeon*, à
roues, ont déterminé l'adoption de l'hélice dans la
marine royale. Dans la première épreuve, les deux
vapeurs parcoururent quatre fois les dix-neuf milles de Douvres à Calais, aller et retour : il faisait
calme, le *Widgeon* eut un avantage de cinq minutes cinquante secondes sur l'*Archimède*; mais, par
une brise fraîche, toutes voiles dehors, l'*Archimède* eut une avance de sept minutes cinquante
secondes sur le *Widgeon,* pendant un voyage d'aller
et retour. Néanmoins, l'*Archimède* ayant une machine inférieure à celle du *Widgeon*, tandis que
son tonnage était supérieur, les expériences
n'étaient pas décisives. En conséquence, deux navires identiques de deux cents chevaux, le *Rattler*,
de 800 tonneaux, à hélice, et l'*Alecton*, de 888,
à roues, furent désignés pour les continuer. Les
deux bâtiments avaient les mêmes lignes d'eau et
le rapport de la force des machines au tonnage
était à peu près le même dans chaque navire.

51. Les essais eurent lieu dans la mer du Nord
pendant l'année 1845; les distances parcourues
varièrent de trente-quatre à quatre-vingts milles.
Les navires marchèrent à la vapeur seulement pendant cinq expériences; et on trouva, qu'en calme

aussi bien qu'avec du vent, l'hélice avait l'avantage.
Une seule fois, il n'en fut pas ainsi; le *Rattler* avait
une vitesse moyenne supérieure d'un demi-nœud à
celle de l'*Alecton*; dans l'expérience exceptionnelle,
l'*Alecton* gagna le *Rattler* d'un demi-mille dans
une course de trente milles. Trois autres expériences eurent lieu, à la voile seulement. L'*Alecton* dé-
montait ses aubes, le *Rattler* maintenait son hélice
verticale : le *Rattler* gagna l'*Alecton* de quarante
minutes vingt secondes sur une course de trente-
quatre milles, ce qui vient à l'encontre de la supposition d'égalité entre les deux navires à un autre
point de vue que la vapeur. Deux autres expériences de touage eurent lieu, les deux navires se
donnant la remorque, l'un après l'autre : la vitesse
moyenne du *Rattler* fut d'un demi-mille supérieure
à celle de l'*Alecton*. Enfin les deux navires furent
amarrés poupe contre poupe et marchèrent à toute
vapeur : l'avantage resta encore au *Rattler*. — *Des
expériences analogues eurent lieu en France la même
année, en rivière de Bordeaux, entre l'aviso à hélice
le* Pingouin, *commandé par le lieutenant, aujour-
d'hui capitaine de vaisseau, Huguet de Majoureaux,
et le* Voyageur *à roues, et donnèrent des résultats
identiques.*

52. Il est à propos d'observer que de gros temps et mer debout, le *Rattler* perdait une grande partie de sa puissance, parce que son hélice émergeait entièrement; en outre, il avait souvent beaucoup de peine à obtenir de la vapeur, soit par suite du manque d'air dans la chambre de la machine, ou pour tout autre vice de construction ; de plus , la machine du *Rattler* était neuve tandis que celle de l'*Alecton* comptait cinq ans de service. On constate que ces expériences ont fourni la preuve de la supériorité de puissance du gouvernail à bord des navires à hélice : on devait s'y attendre, puisque l'hélice est placée à l'arrière du navire; et que dans son mouvement, elle projette une grande masse d'eau sur le safran du gouvernail.

53. On fit ensuite quelques expériences intéressantes entre le *Rattler* et le *Prometheus* , vapeur à roues de 220 chevaux et 800 tonneaux construit par Symonds. Les deux bâtiments avaient la même force de chevaux et le même tirant d'eau : 11 pieds 3 pouces. La course fut d'un mille mesuré sur Long-reach. L'hélice eut l'avantage, le *Rattler* ayant filé dix milles trois quarts, tandis que le *Prometheus* ne fila que dix milles un cinquième.

54. Le *Basilic* , steamer à roues de 400 chevaux

et 980 tonneaux, de Lang, et le *Niger*, à hélice,
de 400 chevaux et 1,013 tonneaux, également de
Lang, firent en 1849, des expériences dans le
canal. Le lieutenant, aujourd'hui capitaine Douglas, fils de l'auteur, était embarqué sur le *Niger*.
Durant une expérience sous voiles et sous vapeur,
vent du travers, le *Basilic*, à roues, gagna le *Niger*
de 1796 brasses ; dans une seconde expérience,
vent arrière, il eut un avantage de 3,360. Mais le
jour suivant, les deux navires naviguant à la voile
seulement et avec du vent, le *Niger*, à hélice,
gagna le *Basilic* de 5,756 brasses 6 dixièmes dans
une première expérience, et de 5,258 brasses dans
une deuxième.

55. Une autre fois on amarra les deux navires à
la remorque l'un de l'autre, et dans les deux expériences l'avantage resta au *Basilic*. Le tableau ci-
après donne la vitesse de remorque à bord de chaque navire et sa consommation de combustible :

	VITESSE EN REMORQUANT.		COMBUSTIBLE CONSOMMÉ PAR JOUR.	
Basilic	7 nœuds 65	à 6 nœuds 0	39 ton⁵ 6	à 36 ton⁵ 0
Niger.	4 8	— 5, 63	52 2	— 53 6

56. Les navires furent ensuite amarrés poupe contre poupe; et dans cette situation, le *Niger* montra sa supériorité : il entraînait le *Basilic* à raison de un nœud quatre cent soixante-six millièmes par heure, tandis que le *Basilic* ne pouvait lui faire filer qu'un nœud.

Le *Niger* luttait dans des conditions très-désavantageuses : ses fourneaux et ses chaudières fonctionnaient mal et ses registres étaient souvent en désordre. Il faisait une telle consommation de combustible qu'il ne pouvait rester aussi longtemps sous vapeur, 52 tonneaux par jour, tandis que le *Basilic* en consommait seulement 24. On constata que toutes les fois que le *Niger* put obtenir de la pression, il battit le *Basilic*.

57. Les deux expériences suivantes, très-remarquables du reste, semblent démentir à première vue l'hypothèse admise que la vitesse de l'hélice serait diminuée par le remous et l'action contraire des filets d'eau obliques sur les ailes. Elles ont été faites à bord du *Bee*, petit vapeur de dix chevaux dont la machine mettait en mouvement deux roues à aubes et une hélice. Dans la première expérience, les deux roues à aubes étaient sur l'avant du navire et l'hélice sur l'arrière : le dynamomètre indiqua

un avantage de trois cent soixante-treize livres pour
la propulsion au moyen des aubes. Dans la seconde
expérience, le mouvement du navire fut renversé,
l'hélice tournant sur l'avant et les roues sur l'arrière : les aubes eurent encore l'avantage. Néanmoins on ne saurait rien conclure d'un pareil
résultat, car, pour développer sa puissance, l'hélice aurait eu besoin d'une vitesse plus grande que
celle des roues à aubes ; elle ne reproduisait pas le
travail mécanique dont elle eût été susceptible.
Ajoutons que le *Bee* est un navire trop plat pour le
but en question, car les grands tirans d'eau sont
de tout point favorables à l'hélice.

58. Quoique, dans les expériences que nous
avons citées, l'hélice ait obtenu l'avantage sur les
roues, même sous le rapport de la vitesse, il y
aurait à douter si elle ne doit pas sa supériorité à
des circonstances particulières, comme l'excès de
puissance des machines ou la plus grande facilité
de locomotion des carènes. Observons toutefois
que le *Basilic* et le *Niger* étaient deux navires pa-
reils, autant que possible, et ayant des machines
égales en force nominale. Afin d'éliminer toute
cause d'incertitude, il faudrait faire de nouvelles
expériences, en s'appliquant à avoir deux navires

homogènes le plus possible. La supériorité de l'hélice fût-elle de la dernière évidence, il ne faudrait
pas encore totalement renoncer aux steamers à
roues. Le désavantage qu'ils présentent sous le
rapport de l'artillerie est sans inconvénient pour
des navires destinés au commerce ou au service de
packets ; et l'on a construit pour cette destination
de grands et puissants steamers à roues, qui,
convenablement armés, formeraient des navires
très-importants et très-utiles, même pour la guerre.
Dans les nouvelles expériences que l'on fera à
l'avenir entre les roues à aubes et les hélices, on
aura besoin de porter plus particulièrement son
attention sur la valeur relative de ces deux propulseurs par les fortes brises, la facilité à gouverner,
et la combinaison du vent et de la vapeur, selon
les diverses conjonctures.

Supériorité de l'hélice pour la marine militaire

59. Il est certain que l'hélice n'est point exposée
aux boulets, à moins que ce ne soit à bord de
petits navires et par de grands mouvements de
tangage ; mais les boulets pourraient atteindre soit
l'arrière, soit le gouvernail, et occasionner ainsi

des avaries plus graves que dans les roues. Tout
l'arrière d'un steamer à hélice forme un immense
bouclier qui, s'il était avarié ou détruit par un feu
bien dirigé, pourrait mettre l'hélice hors de service
ou briser son arbre par suite du poids énorme qu'il
a à supporter, le gouvernail et ses accessoires. A
bord des petits navires à hélice, tout l'effort du
propulseur porte sur le palier du presse-étoupe
situé en dedans de l'étambot intérieur ; mais, sur
des navires plus grands, vaisseaux et frégates, où
l'hélice pèse quatre, huit ou dix tonneaux, il est
indispensable d'avoir un coussinet sur l'étambot
extérieur. Toutes les expériences que l'on a faites
jusqu'ici prouvent que les roues à aubes échappent
d'une manière étonnante à l'action du boulet ; on
ne saurait en dire autant des arrières des navires à
hélice, où sont accumulés le gouvernail, sa jaumière, la barre, la tamisaille, le puits et tout l'appareil à gouverner. Seront-ils aussi favorisés ?

60. Afin de n'être pas dans l'obligation de faire
entrer au bassin les vaisseaux à hélice aussitôt qu'il
survient une avarie à ce propulseur, tous les vaisseaux anglais sont munis de puits quadrangulaires
à travers lesquels on peut hisser l'hélice pour la
réparer, ou la remplacer par une hélice de rechan-

ge. Ces puits sont placés de telle sorte que l'emploi
de la barre ordinaire devient impossible. On a donc
recours à un joug, espèce de barre à deux branches
latérales fixées sur la tête du gouvernail, et munies de réas à leurs extrémités. Ces réas se combi-
nent avec d'autres réas placés dans des chaumards à
la muraille arrière, et formant deux palans dans
lesquels passe la drosse qui, par divers retours, se
rend au marbre de la roue située sur le gaillard
d'arrière. Les vaisseaux ont deux jougs pour gouverner, le premier, monté sur la tête normande,
dans la deuxième batterie, et le joug de rechange
dans la batterie basse. C'est l'inverse de ce qui
existait sur les vaisseaux à voiles.

61. MM. Maudslay et Field ont construit dernièrement, pour le vaisseau le *Marlborough*, de 131
canons, une hélice à ailes ordinaires, munie de
rebords qui servent à la fixer sur son arbre. Les
trous des boulons sont oblongs et alésés de telle
sorte qu'on peut faire varier l'obliquité des ailes
sur le plan vertical. On peut rapprocher les ailes
en desserrant les boulons et les fixer dans une nouvelle position. Une légère différence dans leur
angle d'inclinaison en amène une très-grande dans
la vitesse du navire, et l'on peut à volonté varier

l'obliquité des ailes selon la vitesse que l'on veut obtenir. Ce nouveau genre de propulseur offre les avantages suivants :

1° Il permet de marcher à la voile sans qu'on ait besoin d'émerger l'hélice et sans que son immersion présente de résistance à la marche ; il suffit pour cela de mettre les ailes avant et arrière dans un plan passant par la quille.

2° On modifie à volonté l'angle des ailes, ce qui est très-avantageux pour les voyages de long-cours, où l'on veut pratiquer la navigation mixte. On peut faire une grande économie de combustible tout en conservant à l'hélice une grande vitesse.

Des procédés mécaniques permettent à un seul homme de modifier la position des ailes de l'hélice de dessus de pont, quand le navire est en marche et par n'importe quel temps.

62. L'hélice admet une forme de navire plus simple, meilleure et plus forte que les roues à aubes; de grands tambours ne contrarient pas la marche des bâtiments à hélice par les vents debout. Ils n'ont pas ces lourds roulis, que des tambours surchargés de bateaux, dans leurs parties supérieures, et le choc des lames qui déferlent, rendent si préjudiciables, en empêchant d'avoir de l'artillerie sur

le milieu des batteries. Les changements qui s'opèrent dans la cargaison altèrent peu l'efficacité de
l'hélice : entièrement submergée, elle peut tourner
directement sous l'impulsion de la machine placée
en-dessous de la flottaison pendant qu'elles sont,
l'une et l'autre, soustraites à l'action des boulets.
Le navire muni d'une hélice peut très-facilement
faire usage de ses voiles et peut avoir une largeur
moindre que les navires à roues, ce qui est très-
avantageux pour entrer au bassin et franchir des
écluses. A tout cela, ajoutez que les batteries des
navires à hélice sont garnies d'artillerie de bout en
bout, et que rien n'y entrave le service du canonnage.

Désavantage des navires à connexion directe.

63. Mais pour produire tout son effet, l'hélice
a besoin d'être animée d'une grande vitesse de rotation. Dans l'origine, on la mettait en mouvement
avec des roues à courroies ou à engrenages : les
deux procédés avaient leurs inconvénients. Lors
des expériences du *Rattler*, le recul de la courroie
s'éleva à 2,7 pour cent au moins; de plus, les
roues à courroies étaient au-dessus de la flottaison.

Ces inconvénients et d'autres encore ont déterminé à y renoncer; et l'on a adopté en général des
machines agissant directement sur l'arbre du propulseur, au moyen d'une manivelle. Dans les machines de *Penn*, les cylindres oscillants agissent
directement sur la tige du piston, et l'on évite ainsi
les frottements contraires du piston sur sa tige,
qui se manifestent dans les machines à cylindres
fixes.

64. L'action directe n'est pas sans inconvénients : pour augmenter la vitesse du piston, on
diminue son diamètre et on augmente les orifices
de l'introduction et de l'évacuation d'une manière
inusitée dans les machines à condensation. La vitesse du piston a pour limite celle avec laquelle on
peut enlever l'eau condensée avec la pompe à air.
Or, 110 à 120 pieds par minute sont la plus grande
vitesse, admise dans les modèles Watt et Boulton.
Quand on la dépasse, on s'expose à des avaries. Le
baquet de la pompe à air communique à l'eau un
ébranlement continu qui se transmet à tout le
système; les soupapes ont un choc très-dur et l'extrémité de l'arbre de l'hélice se trouve projetée sur
ses coussinets avec une violence qui réagit sur les
tiges du piston. Tous les efforts que l'on a faits pour

remédier à ces inconvénients dans les cylindres fixes ont été sans résultat. C'est ce qui a déterminé à recourir aux cylindres oscillants dont on avait reconnu l'efficacité sur les bâtiments à roues.

Aujourd'hui ils sont employés sur les grands steamers de guerre, notamment sur les vaisseaux (1).

Il est un inconvénient que l'on n'a pu encore faire disparaître, c'est la grande chaleur due au frottement, quand l'hélice fait de 60 à 70 tours par minute. On conçoit que ce frottement soit extrêmement fort avec des hélices pesant de trois à quatre tonneaux, et même six à huit sur les grands bâtiments.

65. Une des plus grandes anomalies que l'on ait remarquées dans les navires à hélice consiste dans leur facilité à gouverner, contrairement à ce qui a lieu pour les bâtiments à voiles et à roues dont l'arrière serait embarrassé. Cette facilité est due à

L'aviso *le Pingoin*, à bord duquel on a inauguré en France la navigation à hélice dans la marine de l'État, avait une machine à haute pression (construite chez M. Mazeline, du Havre), donnant jusqu'à 80 coups de piston à la minute (ce qui était beaucoup trop), machine à cylindre oscillant et à connexion directe.

la violente projection de l'eau sur le gouvernail.
C'est aussi à cette particularité qu'il faut attribuer
la diminution du recul dans les navires à hélice,
quand ils remorquent. Dans des expériences faites
à bord du *Plumper*, de 60 chevaux et 484 tonneaux.
le recul fut trouvé négatif, c'est-à-dire que l'eau
projetée sur l'arrière de l'hélice s'en rapprochait
au lieu de s'éloigner et augmentait ainsi sa puissance propulsive. Dans onze essais faits par ce
navire sur une base d'un mille mesuré dans la
baie de Stoke, la vitesse fut toujours supérieure de
sept dixièmes de nœud à celle résultant de la puissance vérifiée de la machine avec 83 et 115 révolutions par minute. On a pensé que le recul de
l'hélice marchant de bout au vent serait relativement plus fort que celui des roues à aubes, mais
jusqu'ici les expériences n'ont point été assez nombreuses pour être concluantes.

66. Il y aurait, selon toute probabilité, un grand
avantage à ce qu'un bâtiment à vapeur n'ait pas de
remoux dans son sillage. On essaya en 1848 la
frégate *Dauntless*, de 580 chevaux et 1,496 tonneaux (Inq. Fincham,) sur une base mesurée d'un
mille. Elle avait une vitesse de 7 nœuds 36 centièmes par heure; mais sa longueur ayant été aug-

mentée de 8 pieds vers l'arrière en vue d'éloigner
le gouvernail du remoux qu'elle laissait à l'arrière,
la vitesse s'éleva à 10 nœuds 27 centièmes. La
frégate était sous vapeur seulement dans l'un et
l'autre essai.

Economie sur le combustible.

67. La consommation relative du combustible à
bord des steamers des différentes classes, est un
objet de la plus haute importance. Dans toute
espèce de bâtiments à vapeur elle varie comme le
tirant d'eau et proportionnellement au cube de la
vitesse ; en conséquence les grandes vitesses ne
s'obtiennent qu'au prix de très-fortes consomma-
tions de combustible; aussi, quand les nécessités du
service ne réclament pas impérieusement une
grande vitesse, y a-t-il une grande économie à s'en
tenir à une vitesse modérée. Le minimum de vitesse
dans toute espèce de steamer est d'environ trois
milles; au-dessous, il faudrait tellement réduire la
puissance de la machine que l'arbre de couche
tournerait à peine.

68. C'est un fait aujourd'hui démontré en navigation à vapeur, qu'à égalité de consommation de

combustible, les roues à aubes ont une puissance
de locomotion supérieure à celle de l'hélice ; aussi,
de deux navires marchant à la vapeur seule, celui
qui aurait des roues à aubes tiendrait plus longtemps la mer et pourrait faire une croisière plus
longue que l'autre, mais quand on combine la
voile avec la vapeur, l'avantage passe du côté de
l'hélice.

69. Si deux steamers, égaux sous tout autre
rapport, l'un à aubes, l'autre à hélice, vont à la
voile seulement avec des vitesses égales, pour augmenter leur vitesse d'une certaine quantité déterminée, il faudra moins de combustible au vapeur
à hélice qu'au vapeur à roues, ce qui s'explique en
remarquant que l'hélice agit sur une eau dans un
état de repos relatif, tandis que les roues tournent
dans une eau qui s'éloigne avec la vitesse du navire,
et qu'elles ont besoin de faire un nombre de révolutions relativement plus grand pour obtenir la
même augmentation de vitesse.

70. On peut économiser du combustible en faisant travailler la vapeur à toute détente. Toutefois,
la détente a une limite naturelle résultant de la

diminution de la pression et par suite de la vitesse;
par conséquent, il n'y a pas d'économie à forcer la
détente quand on doit parcourir une distance dans
un temps fixe.

71. Dans les expériences du *Bee*, qui était ins-
tallé pour marcher avec une hélice ou des roues à
aubes, à volonté, 42 révolutions d'hélice donnaient
une vitesse de 6 nœuds 8 dixièmes, tandis que 32
révolutions de roue donnaient 7 nœuds 5 dixièmes,
la consommation de vapeur et par conséquent de
combustible étant proportionnelle au nombre de
révolutions. De même, dans les expériences du
Rattler et de l'*Alecton*, où l'avantage resta au premier, les révolutions de l'hélice étaient dans le
rapport de 24 à 19 avec celles des roues à aubes, et
la consommation du combustible suivait la même
proportion.

72. Il est évident qu'une distance donnée peut
être parcourue avec des degrés de détente propor-
tionnés aux circonstances. Si l'on veut y mettre
plus de temps, on peut obtenir une économie sur
le combustible; en marchant avec une détente plus
grande et réciproquement, on peut abréger le
temps en diminuant l'espace réservé à la détente,

ce qui entraîne naturellement une plus grande consommation de combustible.

La trépidation de l'hélice.

73. La réaction violente et soudaine de l'eau à
l'arrière du bâtiment, chaque fois qu'une aile
pénètre dans le milieu liquide ou qu'elle en sort,
donne lieu à la trépidation de l'hélice et à toutes
les avaries qui en résultent. (Citons l'exemple du
Royal-Albert, vaisseau de 3,394 tonneaux, ingénieur Lang : dans une traversée de la mer Noire à
Malte, en 1855, le manchon de son hélice se rom-
pit, le presse-étoupe et la bulée furent forcés et
l'eau se précipitait avec une telle violence qu'on
fut obligé de l'échouer pour l'empêcher de couler
en pleine mer. Un accident pareil arriva à l'*Alham-
bra*, son manchon fut avarié et faisait tant d'eau
qu'il fallut faire marcher les pompes pendant
toute la traversée. Le *Crecy*, le *Colosse* et beaucoup
d'autres vaisseaux de ligne à hélice ont eu l'arrière
tellement fatigué par les vibrations continuelles de
l'hélice, qu'ils faisaient eau par l'arcasse et ont été
obligés de passer au bassin pour se réparer).

Les bords rectilignes AB et GH des hélices ordinaires sont très-désavantageux parce qu'elles pénètrent dans l'eau et qu'elles en sortent tout d'une
pièce, ébranlant ainsi la masse liquide qui se
trouve dans un état de repos relatif; mais si les
arêtes antérieures de l'hélice étaient curvilignes,
comme B p A', G p H', elles s'insinueraient dans
l'eau obliquement et d'une manière continue
comme si elles faisaient partie d'une aile entière,
et il n'y aurait ni choc ni solution de continuité
dans l'action du propulseur. Les bords courbes ont
l'avantage d'éloigner les corps flottants qu'ils peuvent rencontrer, et sont moins exposés à être brisés
par les chocs directs d'une épave que ne le seraient
des bords à angle droit; ces derniers accroche-
raient bien plus facilement un cordage qui se trouverait à la traîne dans leur voisinage que des bords
arrondis. Si un bord d'hélice courbe était bien af-
filé et entaillé comme une scie, qu'il fût d'ailleurs
fabriqué avec un métal pouvant résister aux effets
corrosifs de l'eau de mer, ou tout au moins susceptible d'être démonté et nettoyé fréquemment, il di-
viserait les cordages, épaves ou corps flottants à la
manière d'une scie circulaire d'une énorme puissance. CD représente l'étambot d'un steamer à hé-

lice, BG le noyau de l'hélice, le mouvement de rotation se fait dans le sens M A N H.

On comprend facilement que les chocs ne pourront cesser qu'à la condition de donner à l'hélice
une forme qui lui permette d'exercer son action
d'une manière continue ; il ne serait pas à propos
de revenir à l'emploi d'un pas entier ; mais, avec
des bords antérieurs curvilignes, il serait peut-être
possible d'atteindre le but.

On voit à l'inspection de la figure, par des lignes
ponctuées, que la nouvelle hélice serait moins
large, mais, on sait déjà qu'une légère diminution
de largeur n'altère pas d'une manière sensible la
force propulsive de l'hélice. On pourrait d'ailleurs
faire des hélices à bords curvilignes ayant la même
largeur que les hélices ordinaires; mais, ce n'est pas
une chose à recommander, il y aura toujours avantage
à avoir des hélices à ailes étroites (*l'hélice Mangin,
en France, paraît être jusqu'ici ce qu'il y a de mieux*).

L'hélice d'un grand bâtiment pèse huit, dix et
même douze tonneaux ; dans les forts tangages de
grosse mer, elle peut parfois émerger presque totalement : dans ce cas, la résistance étant fort diminuée, elle tourne avec une telle rapidité qu'elle
met en danger tout le mécanisme. Cela arrive plus

particulièrement aux bâtiments marchands qui,
dans de longs voyages, ayant vent contraire et
grosse mer debout, s'obstinent à forcer de vitesse.
Toute hélice qui (*comme l'hélice Mangin*), aura ses
ailes plus étroites que les hélices ordinaires, donnera unegrande facilité pour consolider les liaisons
de l'arrière, ce qui est de la dernière importance,
surtout pour l'Angleterre qui possède un grand
nombre de bâtiments à hélice de toute grandeur.

Les hélices embrouillées.

74. L'hélice est en général moins exposée que les
roues à être endommagée par les corps flottants :
pourtant, dans les mouillages fréquentés, elle est
exposée à s'embrouiller dans les amarres, les filets
et autres embarras, ce qui paralyserait son action.
Aussi, tout procédé qui pourrait la soustraire à cet
inconvénient est-il de la dernière importance.

75. Citons quelques exemples d'hélices em--
brouillées. L'hélice de *l'Exmouth* de 91 canons et
400 chevaux, s'engagea dans son câble pendant
que le vaisseau se halait au vent sur une ancre
qu'il avait mouillée à cet effet : on eut beaucoup
de peine à la dégager. *Le Melbourne,* ancien *Greenok.*
frégate de 565 chevaux et 10 canons, partant pour

l'Australie, en 1852, fut assailli par un coup de
vent et démâté. Son hélice s'embrouilla dans les
débris de son gréement, en sorte que, ne pouvant
aller ni à la voile ni à la vapeur, le navire flottait
sur l'eau comme une bûche. On le ramena à Portsmouth pour le réparer. La *Tribune*, frégate de 28
canons et 620 chevaux, étant entrée dans le bassin de Scheerness, en juin 1853, on trouva onze brasses d'un cordage de trois pouces et demi enroulées
autour du noyau de son hélice. Si le cordage eût
été plus long, elle aurait été engagée. Dans une de
ses expériences avec l'*Alecto*, on s'aperçut qu'une
aussière de sept pouces s'était enroulée autour de
l'hélice du *Rattler* et il fallut plusieurs heures pour
la dégager. La plupart des navires à hélice qui entrent dans le bassin ont des cordages, des frag-
ments de filet ou de voiles dans leur propulseur.

76 Rarement les hélices s'engagent en pleine
mer, mais cet accident est très-fréquent dans les
ports, dans les rivières ou dans les rades. Quand
des vaisseaux à vapeur se mettront en ligne de bataille, il y aura beaucoup à craindre que les hélices
ne s'engagent dans les débris de gréement coupés
par les boulets ; car ces débris seront portés sur
l'hélice par le fait de la marche de chaque vaisseau, et

s'ils ne s'engagent dans le premier comme ils restent
à la surface de l'eau, ils feront courir le même risque à tous les vaisseaux placés sur l'arrière : il est
de la dernière importance que l'action de l'hélice
ne soit paralysée sur aucun vaisseau.

77. Si on n'avait pas à craindre de voir son hélice désemparée pendant le combat, on pourrait se
débarrasser un peu auparavant des manœuvres
courantes, des vergues de perroquet et de cacatois,
descendre des hunes les vergues de bonnette de
perroquet, dépasser les mâts de perroquet.

78. Pour parer aux inconvénients de toute sorte
qui proviennent d'une hélice embrouillée, l'auteur
voudrait que chaque hélice fût installée de manière
à se dégager elle-même par son mouvement de rotation, et à cet effet, il propose des armatures tranchantes, fixées solidement sur le bord du cadre
métallique, à toucher les ailes de telle sorte que
pendant leur révolution elles coupent les obstacles
comme avec un ciseau. Tournant avec une vitesse
proportionnée à la force de la machine, les cordages seraient entraînés sur le tranchant des armatures qui seraient assez fortes pour les couper, quelle
que soit leur épaisseur ou leur force.

Que si l'on craignait avec cette disposition un

trop grand effort sur le cadre de l'hélice, on pourrait donner aux armatures tranchantes la forme circulaire et les faire agir parallèlement à la direction
de l'arbre jusque sur le moyeu de l'hélice. Il faudrait entretenir les coupe-cordes en bon état en dé-
montant l'hélice, autrement l'effet corrosif de
l'eau les aurait bien vite détériorés.

Avant de quitter ce sujet, l'auteur exprime combien il serait à propos d'envoyer un plongeur expérimenté visiter l'hélice quand on est à l'ancre, et à
la mer, quand il fait beau. Ce plongeur, affalé sur
le noyau de l'hélice en tenue de son emploi et cas-
qué, muni de son couteau et travaillant sur l'hélice fixée les ailes horizontales, pourrait couper les
bouts de corde accidentellement engagés sur le
noyau et les faire retirer de dessus le pont avec un
cartahu affalé à cet effet. Quand le plongeur sera
remonté, on tournera l'hélice en sens contraire et
le cordage se déroulera. Il conviendrait donc d'a-
voir à bord de chaque navire à hélice un plongeur
éprouvé, un appareil à plongeur et une pompe à
air. Citons un exemple de l'utilité d'avoir au
moins un plongeur spécial sur une flotte de vaisseaux à hélice Dans le mois de juillet 1854, dix
mille soldats français étant embarqués sur une

flotte anglaise devant Calais pour prendre Bomar-
sund, un peu avant de lever l'ancre il arriva que
l'hélice de *l'Hannibal* de 91 canons et 450 chevaux ne pouvait tourner. On envoya chercher à
Douvres un plongeur à casque qui était employé
aux travaux du port. Il fallut l'affaler par le puits
et en trois heures l'hélice fut dégagée. Les troupes
purent faire route au moment désigné. L'accident
provenait de ce que l'hélice s'était engagée dans les
guides verticaux de l'*itague* en franchissant les ra-
diers du bassin de radoubs, en sorte que, faute
d'un plongeur, on ne pouvait ni le hisser ni l'amener; *l'Hannibal* eût été obligé de rentrer au bassin. *Le Bleinheim*, vaisseau de 60 canons et 450
chevaux, étant dans la Baltique en 1854, eut une
aussière engagée dans son hélice. Elle eut été totalement désemparée s'il ne s'était pas trouvé là un
plongeur pour la dégager. A bord de *l'Excellent*
on exerce les matelots à plonger; les plus habiles
reçoivent un supplément de solde et sont embarqués comme plongeurs en titre sur les vaisseaux de
Sa Majesté Britannique.

79. Bien qu'on ait apporté de grands perfectionnements dans la construction de l'arrière des vaisseaux, en substituant aux anciennes barres d'ar-

casse et à leurs accessoires un genre de construction analogue à celui des avants, qui ferme les
vaisseaux par des pièces de bois dévoyées à partir
de la quille, la masse de la charpente reste suspen-
due en porte à faux et n'est pas supportée par l'eau
à cause de la finesse des façons ; de plus, une fenê-
tre ouvre le massif arrière pour le placement de
l'hélice, et un puits vertical qui coupe les divers
ponts contribue à affaiblir la construction de l'arrière. A cela joignez les chocs violents du lourd
propulseur (nous avons fait connaître son poids
approximatif, 4 à 12 tonneaux) qui se succèdent
avec une grande rapidité, et l'on comprendra que
la solidité des liaisons arrière se trouve fortement compromise, *malgré les armatures de bronze
qui les consolident.* Le large puits pratiqué à l'endroit où fonctionnait autrefois la barre du gouvernail, rend les vaisseaux à hélice difficiles à gouverner. On a été obligé de recourir à une sorte de
levier à deux branches appelé joug, destiné à manœuvrer entre le puits et la muraille de l'arrière.
Les figures ci-dessous représentent l'appareil à
gouverner d'un vaisseau de 91 canons.

GH est une forte colonne de fer nommée tête normande, emmanchée par sa partie inférieure dans

une mortaise carrée sur la tête du gouvernail, qui,
à cet effet, est renforcé par de fortes bandes de fer
boulonnées; la partie supérieure de la colonne est
percée d'un trou carré pour recevoir le joug ou la
barre IK. On manœuvre le gouvernail au moyen
du joug ACB placé sous le pont de 2ᵉ batterie, IK
fig. ba, et par un autre joug EF placé sous le pont
de la batterie basse. Un système de palans établi
entre l'extrémité des bras du joug et le bau arrière leur permet de décrire un angle de 36° dans
chaque direction. On obtiendrait un angle plus
ouvert avec des palans fixés, d'une part, au joug, et
de l'autre, à la muraille. Le joug inférieur EF fonctionne en dessous et tout à fait à toucher les baux
du pont de la 2ᵐᵉ batterie PQ, tandis que le joug
supérieur IK est en dessous des baux du pont des
gaillards dans les vaisseaux à deux ponts. Afin
d'obtenir une force suffisante pour faire tourner le
gouvernail, la drosse forme un palan entre l'extrémité du joug qui est muni de rouets et le bau arrière garni de chaumards, comme on le voit dans
la figure : elle fait dormant à l'arrière, passe dans
un rèa sur le joug, de là dans un chaumard à l'arrière, sur le joug, dans un 2ᵉ chaumard, dans un
chaumard de retour le long du bord et de là se di-

rige sur le marbre de la roue du gouvernail. Ce
système est fort compliqué et ralentit le mouvement du gouvernail. La drosse doit être en chaîne,
car une drosse en cuir serait bien vite hors de service.

On a essayé d'autres modes de gouverner, comme
une barre courbe IK fixée vers l'avantou vers l'arrière sur la tête normande, mais on n'est parvenu
à aucun résultat satisfaisant. On essaye maintenant
à Portsmouth une barre en T, dont les branches
vont tribord et babord du vaisseau et sont manœuvrées par des palans ; mais ces expédients compli-
qués pour compenser par la multiplication des retours la suppression d'une longue barre, ne font
qu'augmenter le mal dont on se plaint et mettent
en évidence la nécessité de revenir au procédé primitif.

Le joug de la batterie basse aussi bien que la
tête normande exercent sur le safran du gouvernail un tel effort de torsion, que plusieurs gouver-
nails ont été mis hors de service par suite de son
action continue ; plusieurs vaisseaux de ligne ré-
cemment construits ont été dans l'obligation de
renforcer leurs têtes de gouvernail.

Ce n'est pas tout : quand à la mer de fortes lames viennent assaillir le gouvernail et le choquer soudainement, il faut déployer une force énorme sur la roue; aussi les vaisseaux à puits sont-ils plus difficiles à gouverner que ceux qui n'en auraient pas.

L'auteur n'a aucune connaissance personnelle dans l'art de gouverner au joug, mais il s'est mis en état de porter un jugement motivé sur le sujet en question, en prenant des informations auprès des officiers généraux qui ont inspecté la marine, auprès des capitaines qui ont commandé et des officiers qui ont servi à bord des vaisseaux à hélice, aussi bien qu'auprès des quartiers-maîtres qui ont tenu la barre à la mer ; tous admettent que le tambour du puits qui renferme un espace de 243 pieds cubes dans chaque batterie, a mis dans l'obligation de recourir à ce procédé très-désavantageux pour manœuvrer le gouvernail : le regardant comme inévitable ils l'acceptent comme un mal nécessaire, mais est-il bien nécessaire? Une construction si embarrassante pour le service général des vaisseaux devrait-elle être établie en permanence, quand en réalité elle n'est qu'accidentellement nécessaire? Il faut bien évidemment que les ponts soient coupés pour pouvoir hisser l'hélice quand on a besoin de la changer ou de la réparer.

Dans le premier cas, on sort l'hélice de rechange
du poste qui lui a été assigné dans la cale et on la
transporte à l'arrière sur un traîneau convenable.
L'appareil qui sert à hisser l'hélice se compose
d'un double système de rouets engagés dans un
fort madrier qui barre l'ouverture du pont supérieur. Chaque bout d'itague est amarré à un point
fixe, le courant passe sur un rouet du madrier, de
là une passeresse lui fait traverser un rouet fixé
dans le cadre qui supporte l'hélice, le bout remonte
dans le second rouet du massif, et va de là se garnir au cabestan : en virant, le cadre et l'hélice arrivent au pont supérieur à travers les parois du
puits ; des supports sont disposés pour recevoir
l'hélice, soit qu'on veuille la remplacer ou la réparer. C'est une opération qui demande dix à douze
minutes quand on a pris ses dispositions à l'avance,
et pendant ce temps, il est évident qu'on ne pourrait se servir d'une longue barre; il faudrait en
conséquence la démonter et la suspendre aux
barreaux, le joug ou la petite barre servirait en attendant que l'hélice soit remise en place; mais, il
n'est nullement nécesaire d'enfermer les ouvertures de puits dans des cloisons permanentes. Ne
suffirait-il pas d'avoir un puits qui ne s'élèverait

pas au dessus du pont de la batterie basse? Pour
empêcher les lames de pénétrer dans le navire, un
panneau solide fermerait le dessus du puits, les
chaînes attachées sur le cadre traverseraient le
couvercle et seraient à tout instant prêtes à passer
dans les ouvertures pratiquées dans les ponts supérieurs pour hisser l'hélice. — Au moment de caponer l'hélice, il serait à propos de munir d'épontilles
mobiles les quatre coins de l'espace rectangulaire
réservé pour son passage. Ces épontilles serviraient
à guider les montants du cadre de l'hélice, quand
on l'amène, jusqu'à ce qu'ils soient engagés dans
les guides verticaux fixés sur les deux étambots,
pour faciliter la connexion du noyau avec l'arbre
propulseur. La suppression des cloisons du puits
au dessus du pont de la batterie basse permettrait
d'avoir des espaces libres pour se servir de la barre
ordinaire, qui pourrait occuper la même position
que les jougs actuels; les ouvertures des ponts seraient fermées par des panneaux sur lesquels pourraient rouler les canons. On pourrait en avoir deux
de plus dans chaque batterie interceptée aujour-
d'hui par le puits incommode qui sur les vaisseaux
à deux et trois ponts entrave le jeu de l'artillerie et
rend difforme la grand'chambre tout aussi bien

que les logements du capitaine et de l'amiral.

Le grand avantage des vaisseaux à hélice sur les anciens vaisseaux provient de ce qu'ils peuvent apporter une précision et une certitude pour ainsi dire absolues dans les évolutions navales que doit inaugurer la nouvelle stratégie, mais cette précision, cette certitude reposent, pour ainsi dire, uniquement sur la manière de gouverner ; aussi, est-il indispensable d'adopter le mode le plus convenable, sans quoi on ne retirerait pas du nouveau propulseur adopté pour la flotte tout l'avantage dont il est susceptible : les moindres imperfections dans le mode de gouverner les vaisseaux à vapeur peuvent engendrer les plus graves conséquences. Quand un vaisseau de ligne navigue sous vapeur les voiles serrées, l'action du gouvernail est pour lui comme les pulsations du cœur dans le corps humain, c'est l'instinct de la vie qui devrait être aussi rapide que la pensée. Plus les moyens de gouverner seront simples et directs, plus on approchera du but.

DEUXIÈME SECTION

L'ancienne tactique navale.

---

80. On ne peut étudier avec profit la stratégie maritime résultant de l'application de la vapeur à la propulsion des navires, qu'en la comparant avec l'ancienne tactique navale adoptée pour les flottes à voiles. On commencera donc par exposer brièvement les principes élémentaires de cette partie de la science de la navigation, tels qu'ils ont été admis quand la manœuvre des voiles pouvait seule réaliser les évolutions prescrites. Après avoir décrit ces évolutions et les moyens de les exécuter, on indiquera les modifications qu'il paraît convenable d'introduire dans la tactique navale des flottes dont la vapeur est le moteur principal.

81. On peut partager la science des évolutions navales en deux divisions : l'ordre de marche en avant ou en retraite, et l'ordre de combat.

Paul Hoste publia en 1697 son *Traité des évolutions navales*. Cet ouvrage, réimprimé en 1727, est regardé comme le fondement de toutes les théories qui ont été faites depuis par les principaux auteurs qui se sont occupés de tactique navale : Bourdé de Villehuet en 1769, de Moroques et du Pavillon en 1780, Clarke d'Eldon en 1790, vicomte de Grenier 1788, Steel 1794, l'amiral sir Charles Ekins *Naval Battles*.

Paul Hoste a assisté à la plupart des batailles navales qu'il décrit, notamment à celles qui furent livrées entre les Anglais et les Hollandais dans le cours du dix-septième siècle, à la bataille de la Hougue en 1692; il était alors embarqué sur le vaisseau monté par le comte de Tourville. Ce savant jésuite était né en Bresse en 1652, il mourut à Toulon en 1700, professeur de mathématiques au collége royal de marine.

82. Paul Hoste compte six ordres de marche en avant ou en retraite :

1° L'ordre de marche sur les deux lignes du plus

près tribord ou babord, c'est aussi l'ordre général de combat;

2° L'ordre de marche sur la perpendiculaire du vent;

3° L'ordre de marche sur deux lignes de relèvement, quand on ignore sous quelles amures il faudra combattre; les deux lignes de relèvement au plus près, forment entre elles un angle de 135°, deux fois six rhumbs. Dans cette situation, il est facile de se former en ligne de combat; car une portion de la flotte est déjà en ligne et l'autre portion peut y être amenée promptement;

4° La marche par colonnes ou divisions parallèles au vent;

5° La marche en colonnes obliques au vent;

6° L'ordre de retraite sur deux lignes de relèvement, formant entre elles un angle de 135°.

83. Paul Hoste expose avec détail les manœuvres qu'il convient de faire quand ces divers ordres sont troublés par des changements de vent :

1° La manière de rétablir l'ordre de combat quand le vent refuse;

2° La manière de rétablir l'ordre de combat quand le vent adonne;

3° La manière de rétablir le second ordre quand le vent vient à changer;

4° La manière de rétablir les quatrième et cinquième ordres quand le vent change de seize quarts ou de moins de seize. Les 360° de la boussole sont divisés en trente-deux quarts, rhumbs ou pointes, chacun de 11°.15′;

5° La manière de rétablir le cinquième ordre quand le vent change de quatre, six, huit et douze quarts et quand il vient debout;

6° La manière de rétablir l'ordre de retraite quand le vent varie de quatre, six, huit, douze et seize quarts.

Il donne, en outre, la manière de passer de l'ordre de combat aux différents ordres de marche.

La ligne de bataille.

84. Dans la tactique des vaisseaux à voiles, la ligne de bataille se forme en rangeant les vaisseaux en ligne les uns derrière les autres, à six quarts du vent, les amures à tribord ou à bâbord. On appelle ces lignes, lignes du plus près, quoique en réalité les vaisseaux orientent un quart plus au vent.

On a toujours supposé, en se préparant à atta-

quer, que la flotte de l'ennemi était formée en ligne à la file et orientée au plus près au vent ou sous
le vent. C'est en prenant leurs dispositions en vue
de cette double éventualité avec leur habileté nautique supérieure et leur matelotage pratique, que les
officiers de la marine anglaise ont établi et maintenu sur l'Océan la suprématie de leur pays.

· 85. La distance entre des vaisseaux en ligne de
combat ne doit jamais être inférieure à une enca-
blure, 240 yards, 200 mètres, mais elle peut aller
jusqu'à une encâblure et demie et même deux en-
câblures ; les vaisseaux sont au plus près du vent
parce que, sous cette allure, les voiles sont plus facilement balancées, et qu'il suffit de masquer, d'ou-
vrir ou de faire faséyer quelques voiles pour maintenir chaque vaisseau à son poste, tandis que sous
toute autre allure la chose serait bien plus difficile :
rien de plus simple que de brasser et contrebrasser
une vergue pour orienter sa voile.

On ne forme pas la ligne de combat sur la perpendiculaire du vent, parce qu'en venant au plus
près pour se haler au vent, il y aurait à craindre
que chaque vaisseau ne vînt à tomber sur celui qui
le suit, sur son matelot d'arrière.

La ligne du plus près est comme l'état normal

d'une flotte de vaisseaux de ligne : c'est le point de
départ de tous les ordres de combat, de marche ou
de relèvement que l'on peut former, avec les limites imposées par le vent. Rien n'est plus facile que
de passer de la ligne de relèvement à la ligne de
combat.

Au vent.

86. Quand on est au vent pour attaquer une
flotte sous le vent, on court directement sur l'ennemi en prenant le vent du travers, ou bien obliquement en marchant sur une ligne de relèvement, de telle sorte, qu'on garde toujours son
ennemi au même point du compas. De cette façon,
la flotte d'attaque peut à tout instant se former sur
une ligne parallèle à l'ennemi et choisir sa distance ; ou bien encore, elle peut couper la ligne en
un ou plusieurs points ainsi que le fit lord Duncan,
à l'affaire de Camperdown, et comme lord Howe
essaya de le faire à la bataille navale du 1er juin
1794 ; ou bien encore, la flotte du vent peut laisser
porter par divisions en ligne, traverser la ligne ennemie et l'engager sous le vent ainsi que fit lord
Nelson à Trafalgar.

La grande attention des amiraux anglais à gagner le vent, provient de ce qu'il les rendait maîtres de la situation. soit qu'ils voulussent forcer l'ennemi à un combat de près, ou l'amener simplement à s'éloigner en laissant porter et finalement le forcer à battre en retraite.

87. Les batailles navales livrées en 1653 et 1665 au large du Texell entre les flottes anglaise et hollandaise, démontrent d'une manière frappante l'avantage d'avoir pour soi la position du vent (*Lediard*). Les Français avaient l'avantage du vent le 8 janvier 1676, quand ils combattirent les Hollandais à Stromboli, (*Charnock*). On pourrait citer beaucoup d'autres exemples.

Rodney disputait le vent aux Français dans les journées des 9 et 11 avril 1782; mais trompé dans son attente par suite des manœuvres de la flotte française, il laissa porter pour engager l'ennemi à contre-bord ; et mettant à profit un grand vide qui existait dans la ligne française, parce que les vaisseaux en arrière de *la Ville-de-Paris* avaient éprouvé des avaries considérables dans leurs voiles et leur gréement par le feu de l'avant-garde anglaise B (fig. 7), ce qui ne leur permettait pas de conserver leurs distances, il poussa *le Formidable*

F suivi du *Duc* D et du *Namur* N à travers la brè-
che, doubla l'arrière-garde française et remporta
une victoire complète.

« Avant Trafalgar, Nelson avait fait son plan
« d'attaque d'après la supposition qu'il aurait l'a-
« vantage du vent, se proposant de traverser les
« flottes combinées de France et d'Espagne afin de
« prendre l'ennemi entre deux feux et de l'empê-
« cher de s'échapper. » (*Vie de Nelson*, par Clark
et Mac' Arthur).

Sous le vent.

88. Les circonstances sont tout à fait différentes
pour une flotte sous le vent. Une flotte sous le vent
ne peut forcer son ennemi à un combat de près ; à
la vérité, elle peut engager une canonnade à grande
distance, mais une pareille manœuvre ne peut
amener de résultat décisif, et il est à craindre que
la flotte sous le vent ne soit forcée à un combat
qu'elle aurait intérêt à éviter, ainsi que l'histoire de
la marine en offre plusieurs exemples. Toutefois
une flotte sous le vent, inférieure en force, a l'a-
vantage d'avoir sa ligne de retraite ouverte et de
pouvoir s'éloigner en mettant le vent à profit.

Quand deux flottes courent aux mêmes amures,
la flotte sous le vent peut s'approcher de celle qui
est au vent pourvu qu'elle marche plus vite; car,
en virant de bord, elle se portera à la rencontre de
la flotte opposée, si d'ailleurs elle a une avance suffisante; dans ce cas, la distance entre les deux
lignes variera continuellement en raison de la
vitesse relative des vaisseaux dans les directions
contraires; aussi quand l'attaque vient de sous le
vent, on ne sait jamais en quel point on pourra traverser la flotte ennemie. Les vaisseaux d'avant-
garde sont exposés aux bordées successives de tous
les vaisseaux de la ligne du vent et particulièrement
de tous ceux qui sont au vent du point où l'on veut
couper la ligne.

Couper la ligne ennemie.

89. Une flotte sous le vent ne peut pénétrer la
ligne ennemie par une attaque en croix quand les
vaisseaux de celle-ci gardent leur distance. Chaque
vaisseau se maintient à la distance prescrite en
masquant son perroquet de fougue, son grand
hunier, ses perroquets quand ils sont dehors,
ensemble ou séparément, en les tenant en ralin-
gue, en les orientant pour recevoir le vent selon

qu'on a besoin de diminuer ou d'augmenter la
vitesse pour se tenir à son poste dans la ligne. Pour
s'assurer qu'on est à la distance prescrite, on
observe avec un sextant l'angle compris entre la
pomme des mâts et la flottaison : une table donnant les distances en regard des angles observés,
fait connaître si l'on est bien à la distance voulue.

Une erreur dans l'ordre de marche fit changer
totalement l'issue de la bataille du 20 mai 1746.
L'*Intrépide* perdit son petit mât de hune, tomba
sur le vaisseau qui était à l'avant de l'amiral, et
obligea ceux qui le suivaient à laisser culer, ce
qui occasionna un si grand retard que, la nuit étant
survenue, la flotte française put s'échapper ; et le
combat finit à la grande mortification du pays et
pour la ruine de l'amiral (Byng) qui aurait pu
éviter un pareil engagement.

On a essayé bien des fois de couper la ligne ennemie sans y réussir, comme on peut en juger par les
affaires de l'amiral Keppel, en 1778 ; de lord
Howe, en 1794 (*a*) ; de lord Saint-Vincent,

(*a*) Lord Howe laissa porter vent de travers avec toute sa
flotte dans l'intention que chacun de ses vaisseaux traversât
la ligne ennemie pour la doubler sous le vent. Mais bientôt
le désordre se mit dans l'avant-garde, et l'amiral fut obligé
de signaler à quelques vaisseaux de forcer de voiles, à d'au-

en 1797 (*b*), et de sir Robert Calder, en 1805.

Utilité qu'il y a de ménager le combustible, sur les
flottes à vapeur.

90. Avec la vapeur les limites et les impossibi-

tres de diminuer. La *Queen-Charlotte*, suivie du *Belléro-*
phon et du *Leviathan*, coupèrent sans encombre la ligne
française en arrière de l'*Éole* ; ils ne furent soutenus qu'avec
peine dans leur situation périlleuse : les autres vaisseaux s'é-
tant halés au vent et ayant ouvert leur feu, les uns à petite
portée, les autres à une distance telle qu'il pouvait à peine
être efficace. Le *Brunswick*, que suivait le vaisseau-amiral,
coupa la ligne française en arrière du *Jacobin*, matelot arrière de l'amiral français. Mais le *Jacobin* gagna de l'avant,
suivi de près par l'*Achille*, qui serra sa distance de manière
à fermer l'intervalle. Le *Brunswick* donnait dans un autre
créneau entre l'*Achille* et le *Vengeur*, quand le *Vengeur*
lui envoya une bordée d'enfilade et barra le passage. C'est
al rs que le *Brunswick* accrocha le *Vengeur*, et il en ré-
sulta un combat désespéré qui forme un épisode si glorieux
dans la bataille navale du 1ᵉʳ juin 1794. Le capitaine Har-
vey n'aurait pas voulu pour beaucoup ne pas s'empoigner
avec le *Vengeur*.

(*b*) Dans la bataille du 14 février 1797, sous le cap Saint-
Vincent, le vaisseau à trois ponts le *Prince-des-Asturies*,
conduisant une escadre de huit vaisseaux espagnols séparés
de leur flotte par l'armée anglaise, tenta de passer sur l'a-
vant du *Victory* pour rallier sa flotte; mais la ligne anglaise
était si serrée qu'il fut obligé de renoncer à son entreprise.

lités imposées par le vent aux évolutions des flottes
sont totalement effacées : la surface entière de
l'Océan est un champ de bataille ouvert sur lequel
les flottes à vapeur peuvent toujours se rencontrer;
plus que jamais, on peut assurer que le succès
dépendra de l'habileté du tacticien, de la rapide
perception du chef, en même temps que de l'exécution rapide et résolue de ses ordres par ceux qui
obéissent à son commandement.

91. Pour couper une flotte ennemie en ligne de
bataille, une flotte à vapeur ne rencontrerait pas la
même difficulté qu'une flotte à voiles entièrement
subordonnée au vent ; mais aussi, avec la vapeur,
la flotte coupée, pourvu qu'elle soit commandée
par un habile tacticien, ne tomberait pas dans ce
désordre inextricable, ne serait pas réduite à la
dernière extrémité, comme il est arrivé le 12 avril
1782 où cette manœuvre a décidé le destin du combat. Une flotte pouvant manœuvrer avec la précision et la vitesse convenables, (c'est toujours le cas
d'une flotte à vapeur bien dirigée), si elle est coupée
pourra facilement rendre la pareille à son adversaire; car pour couper la ligne ennemie, l'adversaire a été obligé de couper la sienne propre. La
portion de la flotte opposée qui n'est pas doublée

peut donc se renverser simultanément et doubler
elle-même la flotte d'attaque.

Dans les engagements avec des vaisseaux à voiles,
on est obligé de détourner du service des canons
un grand nombre de matelots pour manœuvrer les
voiles ; les bras et boulines out besoin d'être cons-
tamment garnis d'hommes afin de pouvoir garder
la distance entre les vaisseaux. Les meilleurs matelots sont appelés dans des escouades connues sous
les dénominations d'escouades des voiles, des
nœuds , des épissures pour réparer les avaries du
gréement. Paul Hoste consacre une grande partie
de son ouvrage à expliquer les manœuvres à faire
pour obvier aux changements du vent. En effet , il
faut manœuvrer sans cesse pour se tenir en ligne à
son poste ; avec la vapeur, tous ces inconvénients
sont supprimés. Les vaisseaux à vapeur devant
combattre toutes voiles serrées, les distances se con-
servent , les manœuvres s'opèrent uniquement au
moyen de la machine et toute l'énergie de l'équipage combattant peut être concentrée pour le service des canons.

92. La position du vent est particulièrement importante dans la tactique à voiles , parce que les
vaisseaux au vent peuvent se jeter sur l'ennemi qui

est sous le vent, avec une vitesse supérieure, le
forcer à combattre ou à s'échapper.... Mais cette
supériorité que donne le vent aux flottes à voiles
dans un cas particulier, les flottes à vapeur peuvent
la posséder en tout temps pourvu qu'elles soient en
mesure de développer une force supérieure à celle
de l'ennemi....

On peut dire des flottes bien commandées ce
qu'un éminent tacticien disait des manœuvres d'armées dirigées par d'habiles généraux : « Entre deux
armées pareilles, ce sera enfin à qui l'emportera de
génie et de célérité dans les manœuvres. » *Guibert, V. II. p.* 187.

Des vaisseaux à vapeur en ligne de bataille
devraient se borner à développer la force nécessaire pour se tenir gouvernants; les mouvements
rapides des vaisseaux marchant à toute vapeur
seraient extrêmement préjudiciables au bon effet
de l'artillerie : le tir est d'autant plus juste que le
vaisseau a moins de mouvement. C'est particulièrement quand on est attaqué par le travers en flanc
qu'on a besoin d'un tir assuré, car l'attaquant
s'avance directement sur les batteries des vaisseaux
attaqués, et il sera exposé à un feu d'autant plus
destructif qu'ils auront moins de mouvement.

93. Parce que des machines sont susceptibles de développer une grande puissance, il ne s'ensuit pas qu'on doive les faire fonctionner à haute pression dans les évolutions ordinaires. Si l'on intercepte la vapeur à un point de la course du piston, de manière à utiliser la détente, on économise du combustible sans perdre beaucoup de puissance. Les vaisseaux à hélice, faute d'espace pour l'arrimage du charbon, ne pourraient pas, en général, faire vapeur à toute vitesse ou avec détente plus de quelques jours, même quand ils ménageraient leur combustible autant qu'il est possible; il serait extrêmement préjudiciable de n'en plus avoir le matin d'un combat. Il faut se mettre en garde à tout événement contre le danger d'en manquer au milieu d'une affaire. (Voici le nombre de jours de charbon que peuvent arrimer les vaisseaux de diverses classes : — vaisseaux de 121 canons, 8 jours; vaisseaux de 92 canons, type *Renown*, 6 jours; id. de 51 canons, type *Impérieuse*, 8 jours 3/4; id. de 32 canons, type *Diadème*, 6 jours. Le vaisseau français le *Napoléon* peut arrimer dix jours de charbon marchant à toute vitesse, deux mille et demi par heure.

94. Les combinaisons stratégiques n'ont pas fait

partie jusqu'ici du système des opérations maritimes des flottes à voiles; mais avec des flottes à
vapeur il est absolument nécessaire d'y avoir recours. Les vaisseaux à voiles portaient avec eux les
provisions et autres fournitures qui les mettaient
en état de tenir la mer et de continuer leur service
pendant longtemps; mais les vaisseaux à vapeur
sont subordonnés à leur approvisionnement de
combustible. Comme on a besoin de le leur amener à des intervalles rapprochés des ports où l'on a
pu former des dépôts de charbon, ils exigent l'organisation d'un système de transports à vapeur fort
analogue à celui que l'on établit pour tenir ouverte la ligne de communication entre une armée
en campagne et sa base d'opérations.

Mais bien que cette mesure suffise à pourvoir les
flottes à vapeur du combustible dont elles ont besoin pendant le combat, il ne serait pas possible de
leur en fournir assez pour leur permettre d'exécuter leurs mouvements stratégiques avec la vapeur
seule. C'est pourquoi on a jugé nécessaire de pourvoir les vaisseaux à vapeur d'une voilure complète
qui leur permet de marcher à volonté à la voile et à
la vapeur.

Les vaisseaux d'une flotte à vapeur devraient avoir une vitesse uniforme.

95. Les vaisseaux d'une flotte à vapeur devraient avoir autant que possible une vitesse uniforme, car s'il n'en est pas ainsi, il faudra réduire la vitesse de la flotte à celle du vaisseau qui marche le moins. « La flotte de lord Duncan, approchant la flotte « hollandaise, à Camperdown, ressentit combien il « y a d'inconvénient dans l'inégalité de vitesse des « vaisseaux d'une flotte à voile, il fallut un temps « pour se rallier et se mettre en ordre de bataille ; « malgré le soin de l'amiral à signaler à ses bons « voiliers de diminuer de voiles pour permettre « aux autres vaisseaux de prendre leur position, la « flotte britannique était toute dispersée au com- « mencement de l'action. » James, voy. T. II, p. 269.

Le tableau ci-dessous donne une idée de la flotte anglaise à vapeur à la fin de 1858.

	NOMS DES VAISSEAUX.	FORCES EN		Longueur.	LARGEUR	déplacement ou TONNAGE.
		Chevaux	Canons.	pieds.		
1	Royal-Souverain .	800	131	»	»	»
2	Royal-Albert . . .	500	130	232	60 p. 83	5572 Tx.
3	Malborough	800	130	245	60. 67	6100
4	Duc-de-Wellington	700	130	241	60	5680
5	Royal-George. . .	400	101	205	54. 50	4814
6	Orion	600	91	238	55. 75	»
7	Renown (a). . . .	800	91	245	id.	4890
8	Revenge	800	91	id.	id.	»
9	Atlas	800	91	id.	id.	»
10	Anson'.	800	91	id.	id.	»
11	Defiance	800	91	id.	id.	»
12	Cœsar	400	91	208	56	inconnu.
13	Algiers.	600	91	219	6C	»
14	Agamemnon . . .	600	91	230	55. 42	»
15	Exmouth.	400	91	204	60. 33	»
16	Hannibal.	450	91	218	60	»
17	Princesse-Royale .	400	91	217	58. 10	4916
18	Cressy.	400	80	199	55. 00	3938
19	Majestic	400	80	190	57. 00	inconnu.
20	Goliath.	400	80	190	56. 75	»
21	Meeance	400	80	id.	id.	»
22	Colossus	400	80	id.	id.	»
23	Mars.	400	80	id.	id.	»
24	La Hogue.	450	60	184	47. 66	»
25	Blenheim	400	60	181	47. 66	»

(*a*) Le *Renown* a une vitesse d'environ douze milles par heure : les autres vaisseaux ont nécessairement des vitesses variables en proportion de leur machine et de leur tonnage. Si tous ces vaisseaux formaient une flotte combinée, il serait à propos de mettre en réserve les meilleurs marcheurs, afin de les employer à porter secours partout où besoin serait. Les frégates et corvettes attachées à la flotte devraient avoir une vitesse plus grande que les vaisseaux de ligne : elle sont comme la cavalerie et l'artillerie dans une armée.

La flotte qui, primant l'ennemi dans la manœuvre, ou er.

96. Les changements de front présenteraient des difficultés sérieuses sur les flottes à vapeur, si l'on voulait opérer sur le centre; car, en jetant une aile en arrière, il faudrait pratiquer l'évolution ou en faisant culer les vaisseaux, ou bien en les renversant par la contre-marche. La première de ces mé-

manœuvrant pour engager le combat de préférence sur le flanc de son adversaire, peut développer la plus grande puissance à vapeur, possède un avantage tel qu'aucune habileté de tactique ne saurait le contrebalancer (1). Dans la formation de la marine à vapeur de la Grande-Bretagne on ne paraît pas avoir considéré ce sujet avec l'attention qu'il mérite, et il y a des motifs de croire qu'une grande flotte de vaisseaux français présenterait une vitesse supérieure à une pareille flotte de vaisseaux anglais. Le témoignage de l'amiral de la Gravière prouve l'importance que les officiers de la marine française attachent à la supériorité de vitesse à bord des navires à voile et à vapeur (2).

(1) « La rapidité d'un bâtiment à hélice étant un des principaux éléments de sa puissance militaire, tous les fourneaux sont allumés en présence de l'ennemi et les feux prêts à être poussés au premier signal ou au moment favorable. » *Instruction officielle sur la tactique navale*, art. II, *Ministère de la marine et des colonies*.

(2) « La marche du navire, ne l'oublions pas, est la condition essentielle pour une marine exposée à trouver toujours l'ennemi en nombre. — La vitesse du navire étant admise comme un des gages les plus certains du succès, tout navire à voiles ou à vapeur, qu'il fût à son début ou à son vingtième armement, devrait en sortant du port être appelé à faire ses preuves de vitesse, devant une commission qui pût le comparer à un bâtiment de la flotte dont les qualités seraient incontestables. » *Guerres maritimes*, tome II, p. 278 279. *Jurien de la Gravière*.

thodes n'est pas pratiquable; la seconde est très-difficile à exécuter avec ordre et produirait une confusion inévitable, dont un ennemi intelligent ne manquerait pas de profiter. Il suit de là qu'il ne serait pas à propos de mettre les plus mauvais marcheurs au centre d'une ligne et les meilleurs aux extrémités, parce que, dans les conversions, les navires de flanc auraient plus de chemin à parcourir que ceux du centre. Un changement de direction doit s'opérer en prenant pour pivot un vaisseau de flanc.

97. Il est convenable de faire exclusivement sous vapeur toutes les évolutions dans les flottes composées en totalité de steamers ou en partie de steamers et de vaisseaux mixtes; car, si on agissait autrement, tous les vaisseaux indistinctement subiraient les limites imposées par le vent. La tactique des flottes à vapeur constitue un nouvel art dans la navigation. Elle peut conduire aux plus grands résultats; mais si on la combine avec la tactique des flottes à voiles, on neutralisera la plupart des avantages qui résultent de la propulsion à vapeur.

Les vaisseaux à vapeur doivent avoir constamment leur hélice en bon état.

98. Quand un vaisseau à hélice a ses voiles ferlées, sa vitalité dépend uniquement du bon état de son mécanisme à vapeur, mais il peut arriver dans un combat qu'une hélice soit brisée ou embrouillée (art. 75); c'est un accident grave. La tâche dévolue à des flottes immenses dépendra du bon état de l'hélice, tout comme le succès du bombardement d'une forteresse dépend de la manière dont la fusée des bombes remplit son office. Il est clair que l'avarie d'une seule hélice à bord d'un vaisseau d'une flotte qui suit une direction où le vent ne pourrait la conduire, peut faire manquer ou tout au moins entraver la plus belle opération maritime; car, à moins que la route ne soit modifiée de telle sorte que les vaisseaux qui ont leur hélice hors d'état de servir, puissent utiliser leurs voiles, ils doivent tomber au pouvoir de l'ennemi, et si la flotte se met à la voile, on retombe dans l'inconvénient signalé à l'article précédent.

99. Puisqu'il n'est pas possible, quant à présent, de se dispenser de faire usage du vent sur les flottes

à vapeur (art. 93), il sera prudent, en stratégie à
vapeur, et avant d'en venir à une action serrée, de
continuer à diriger le feu sur les mâts et le gréement de l'ennemi afin de susciter de plus grandes
chances d'avaries à son hélice, par la chûte d'espars, de cordages et de voiles, ou tout au moins de
l'embrouiller, après quoi chaque boulet doit être
appliqué sur la carène.

La bataille finie, la flotte pourra ou devrait substituer la voile à la vapeur, afin d'économiser le
combustible qui peut avoir été épuisé totalement
ou à peu près pendant l'action; pendant qu'on a ha-
ché le gréement de ses vaisseaux, la flotte ennemie
a aussi consommé son combustible, ce qui peut
l'empêcher naturellement de s'échapper. Aussi, un
vaisseau devrait-il avoir la plus grande attention à
maintenir en état sa machine et sa voilure. Dans
les premiers temps de la propulsion à vapeur,
Paixhans et d'autres auteurs imaginèrent que quelques petits vapeurs, avec une très-faible voilure ou
même sans voilure, pourraient capturer des vaisseaux de ligne en les attaquant sur leurs points faibles. Cela est vrai, en calme, pour des mers ou des
eaux intérieures, où des flottes et de gros vaisseaux
de guerre ne pourraient ni manœuvrer ni poursui-

vre ces petits bateaux dans les criques peu profondes et les canaux où leur faible tirant d'eau leur
permet de pénétrer. Mais, quant à la stratégie à vapeur sur l'Océan, les vaisseaux doivent être gréés
et équipés de voilures complètes Il leur faut donc,
comme autrefois, bon nombre d'adroits matelots ;
car l'habileté dans le matelotage est aussi nécessaire que jamais sur les flottes à vapeur, et la nation
la plus riche en qualité et en quantité, sous ce rapport, aura toujours l'avantage. On aurait donc tort
de se figurer que la stratégie à vapeur va supprimer
les voiles, c'est particulièrement à bord des flottes
à vapeur qu'il est nécessaire d'avoir de bons matelots.

100. Une mer unie et pas de vent sont des conditions avantageuses pour faire vapeur et avoir un
bon tir ; mais, dans un calme parfait, deux flottes
opposées seraient enveloppées de nuages si épais de
vapeur et de fumée que l'on ne pourrait voir les
vaisseaux ni les signaux des chefs. Par une jolie
brise il en serait encore de même; mais elle serait
favorable ou défavorable à chaque flotte selon la
position respective (Paul Hoste, p. 23 et 37, traduction du capitaine Boswal, R-N). La direction
et la force du vent aussi bien que le gisement et la

hauteur des lames qui en résultent, sont choses assez indifférentes aux vaisseaux à vapeur : on n'en
saurait dire autant pour le canonnage qu'elles dé-
rangent. Quand la lame vient du travers et qu'ils
ont les voiles ferlées, les roulis sont plus grands à
bord des vaisseaux à vapeur qu'ils ne le seraient à
bord des vaisseaux à voiles; ces derniers sont ap-
puyés par leur voilure. A moins donc que la mer
ne soit unie, l'artillerie d'une flotte à vapeur ne
sera pas aussi efficace que celle d'une flotte à voiles, et il faudra toute l'adresse et le tact de matelots canonniers bien exercés, pour veiller les mouvements du roulis et saisir le moment favorable de
faire feu. (*Artillerie navale*, art. 383me, 4me édition, sir Howard Douglas).

Il serait avantageux aux flottes à vapeur d'adopter
une tactique analogue à celle suivie dans les ar-
mées.

101. Les mouvements des flottes à vapeur tout
aussi bien que ceux des armées, peuvent se diriger
d'après les principes de tactique mieux appropriés
au grand but de toutes les manœuvres préliminaires : la formation la plus simple, la plus précise,

la plus expéditive de l'ordre de bataille. On peut regarder comme un des principaux avantages qui résulteraient de l'application de la propulsion à vapeur à la stratégie maritime la faculté d'exécuter les mouvements des flottes d'après les mêmes principes que ceux des armées.

Des flottes à vapeur pourraient appliquer la formation de l'ordre de combat projeté avec tout autant de précision qu'une armée de terre, et sans découvrir davantage et hors de propos les projets du général en chef. Citons *Guibert*, (V. II, p. 18). « Un « général habile et tacticien, s'il est dans la néces- « sité de recevoir une bataille, ne démasquera sa « disposition de défense qu'après qu'il aura re- « connu les points où l'ennemi veut faire effort. Il « tiendra son armée en colonne sur le champ de « bataille qu'il devra occuper, afin de ne détermi- « ner la répartition de ses troupes que sur celle des « troupes de l'ennemi. »

102. Il est rarement possible de pouvoir dissimuler son plan d'attaque avec une flotte à voiles. Les manœuvres sont si compliquées et il faut tant de temps pour former ses colonnes en divisions en une longue ligne de combat en présence de l'ennemi, surtout s'il est au vent, que les flottes à voiles se

développent en ligne de bataille bien avant qu'il ne
serait prudent ou nécessaire de le faire avec une
flotte à vapeur. — Dans l'engagement qui eut lieu
aux Indes, en 1782, entre les flottes de France et
d'Angleterre, sir Edward Hughes voyant que l'amiral Suffren laissait porter sur lui, signala dès le
point du jour, à ses vaisseaux, de se former en ligne : la ligne était à peine formée à huit heures du
matin. On pourrait citer beaucoup d'exemples
analogues témoignant combien la formation d'une
flotte en ligne de bataille exige de temps et présente
d'incertitude.

103. Pour donner une idée des évolutions requises pour mettre une flotte en ligne de bataille, supposons que faisant route au plus près du vent, sur
trois colonnes parallèles, on lui signale de se former sur la colonne du centre, c'est la manœuvre la
plus simple et la plus expéditive que l'on puisse
avoir à exécuter : la division du vent laissera porter
et ira se former en ligne en tête de la division du
centre ; les vaisseaux de la division *sous* le vent, vire-
ront de bord tous à la fois et continueront leur bordée jusqu'à ce qu'ils soient dans les eaux de la division du centre; alors, virant de nouveau, ils feront
force de voiles pour venir prendre leur poste dans

la ligne de bataille. Si l'on devait se former sur la
division du vent, le procédé serait encore plus long
et plus compliqué : les divisions du centre et dessous
le vent auraient à virer de bord tous les vaisseaux à
la fois, et quand ils auraient atteint les eaux de la
division du vent, ils vireraient une seconde fois pour
venir prendre leur place dans la ligne de combat.
Chaque vaisseau aurait fait deux virements, couru
deux bordées, suivi les deux côtés d'un triangle
au lieu d'un pour arriver à son poste, exposés pendant tout ce temps aux diverses variations du vent.
Les vaisseaux d'une flotte à vapeur exécuteraient
rapidement et sûrement cette opération en se dirigeant immédiatement sur la diagonale qui les conduit à leur poste dans la ligne de bataille.

104. Cette formation, et d'autres pareilles, sont si
faciles, si certaines, si rapides, quand elles sont
exécutées par des flottes à vapeur que l'usage de développer les vaisseaux en ligne, et surtout sur une
seule ligne, ne peut manquer d'être abandonné
dans la tactique navale comme il l'a été dans la
tactique militaire. Des flottes à vapeur bien exercées, de même que les troupes rompues aux exercices du champ de manœuvre, si elles sont bien
commandées, seront par colonnes ou lignes de re-

lèvement en échelon, tellement disposées que chaque vaisseau se trouve sous l'œil du général, à
bonne portée pour voir ses signaux et être prêt à
tout instant à exécuter les manœuvres qu'il peut
ordonner.

105. Dans ces derniers temps, la science militaire
a renoncé à l'usage de combattre dans un ordre
parallèle, ligne contre ligne, multitude contre
multitude, ignorance contre hasard. On a substitué à cette rude formation, tout à fait primitive, les
méthodes plus habiles et moins meurtrières qui
ont été appliquées avec tant de succès pendant la
guerre de Sept ans, et que l'on a suivies depuis.
Cette méthode consiste à attaquer l'ennemi pendant qu'il est en marche, en tournant ses flancs
par un mouvement oblique, ou bien à combiner
ses manœuvres de manière à porter une masse de
forces supérieures sur le point attaqué. C'est ainsi
que Frédéric II défit l'armée française à Rosbach,
qu'à Austerlitz Napoléon I⁽ᵉʳ⁾ vainquit les armées
combinées de l'Autriche et de la Russie. (*Guibert*,
vol. II, p. 187.)

A première vue, les officiers de marine de la
vieille école, du temps où les vaisseaux étaient les
esclaves du vent, pourraient se sentir disposés à

rejeter et même à tourner en dérision les principes
militaires que l'auteur recommande d'appliquer
dans leur spécialité, mais, du moment que les flottes sont appelées à marcher par le moyen de l'agent
obéissant de la vapeur, on peut calculer avec autant de précision le poste de chaque vaisseau sur
une ligne, et le temps dont il a besoin pour l'atteindre, que dans une armée on calcule le poste d'un
régiment ou d'une brigade, et le temps qu'il lui
faut pour s'y rendre. Aussi, les évolutions des vaisseaux de ligne à vapeur sont-elles susceptibles de
s'exécuter avec une précision jusqu'ici inconnue
dans le service de la marine.

Il y a longtemps déjà qu'un des officiers les plus
distingués de la marine anglaise a trouvé que l'établissement des propulseurs à vapeur, dans la marine, devait avoir pour résultat de donner un caractère militaire aux opérations de la tactique navale.
Dans un Traité publié en 1846, l'amiral Bowles
observe que la marine était entrée dans une nouvelle ère, et que la vapeur permettrait aux généraux
de mer de diriger leurs manœuvres et leurs opérations d'après les principes de la science militaire;
que, munies d'une force maîtresse de la mer et du
vent, les flottes pourraient employer des procédés

inconnus jusqu'ici pour repousser l'ennemi ou pour l'attaquer, et qu'un amiral qui garderait ses vaisseaux réunis sous sa main, dans un ordre commode pour les faire manœuvrer, éviterait ainsi les engagements indécis et malheureux, dont le passé offre tant d'exemples. Il conclut son excellent Traité en observant que, dans une flotte comme dans une armée, il faut manœuvrer de telle sorte, qu'on soit libre de déployer toutes ses ressources au moment décisif On peut joindre à cette haute autorité celle du capitaine Dahlgren, de la marine des États-Unis. Cet officier observe (*Shells and shell-guns*, p. 384) que les principes de la tactique militaire pourraient être largement appliqués dans les manœuvres des flottes.

106. C'est surtout à cause des difficultés et des incertitudes que le vent impose pour exécuter les évolutions complexes des vaisseaux à voiles, que l'on a adopté jusqu'ici l'usage primitif de former l'ordre de bataille sur une seule ligne. Des flottes composées de vaisseaux à vapeur ne présenteraient pas les mêmes inconvénients.

Les armées en campagne se meuvent sur autant de colonnes qu'il y a de chemins praticables ou de routes ouvertes convergeant vers le point où l'on a le projet de se déployer en ordre de bataille ; mais, à la mer, une flotte à vapeur peut toujours se mouvoir en autant de colonnes qu'il y a de divisions dans sa composition, et l'on peut considérer chaque vaisseau comme un bataillon dans l'armée de terre.

107. Il y a toutefois une différence : Une flotte marchant sur une ligne parallèle à celle de l'ennemi, opère un mouvement de flanc et est en même temps en ligne de combat ; il n'en est pas de même pour une armée opérant un mouvement de flanc. C'est un ordre avantageux pour une flotte à vapeur que de marcher sur une ligne du travers ; car, dans cette position, chaque vaisseau peut commencer le feu avec sept ou neuf canons de chasse, et peut facilement, par un mouvement des plus simples, former une ligne en échelon ou une ligne de combat ordinaire, selon l'exigence du cas.

108. Chaque colonne d'une flotte à vapeur devrait être formée sur deux lignes de relèvement formant entre elles un angle de 8 pointes ou 90 degrés ; au sommet de l'angle se trouverait le vaisseau central, ordinairement distingué par le pavillon d'un amiral divisionnaire ou autre chef de colonne. Le vaisseau qui porte le pavillon de l'amiral com-

mandant en chef se place au centre de la flotte,
selon la coutume, à moins que l'amiral ne quitte
cette position pour se mettre à la tête de l'une ou de
l'autre escadre, afin de mieux surveiller et diriger
l'exécution de ses plans d'opération. Il est bien entendu qu'en faisant ainsi, il ne doit pas se substituer à l'officier divisionnaire qui commande l'escadre où il est venu se placer ; car, dans aucun cas,
le commandant en chef ne doit se charger des manœuvres de détail des divisions. Le matelot du
vaisseau pavillon doit le remplacer à la place qu'il
occupait auparavant, et porter le même numéro.
Ce vaisseau s'appelle la doublure ou le substitué de
l'amiral, parce qu'il le remplace : on le distingue
par le pavillon de la division dont il fait partie. Tel
est l'usage français (*Batailles de mer,* p. 421., *fig.* 48.
— Amiral comte Bouët Villaumet). Il serait préférable de faire venir un vaisseau de la réserve pour
servir de vaisseau substitué.

109. Une flotte faisant vapeur par divisions formées chacune sur deux lignes de relèvement, et
ayant ses avisos à vapeur en vedette, soutenus par
des frégates à vapeur fort loin sur l'avant, une réserve de vaisseaux rapides sur l'arrière, figure 8,
possède une grande force militaire, parce que ses

vaisseaux se défendent réciproquement, comme
on peut s'en aperçevoir, en examinant attentive-
ment la figure. L'ennemi ne pourrait la traverser
sans éprouver des pertes sérieuses et se mettre
en danger. Une flotte, dans cet ordre de marche,
est admirablement disposée pour prendre avantage,
à l'instant même, de toute erreur ou fausse manœuvre de l'ennemi, car chacune des colonnes en
échelon peut se former en ordre de combat dans
n'importe quelle direction, avec la plus grande facilité.

La ligne sera formée dans la direction AB, en
portant les têtes des colonnes *l*, *n*, *p*, dans cet ali-
gnement, les vaisseaux de chaque colonne se formant en ligne sur le vaisseau du centre. Si un ennemi paraît dans le N.-E., par exemple, la colonne
de gauche se portera en *m*, et toute la flotte se for-
mera par divisions en ligne, en faisant marcher
chaque branche de bâbord (gauche), jusqu'à ce
qu'elle soit en ligne par échelon avec celle de droite
(tribord) : les vaisseaux étant arrivés sur la ligne
CD, toute la flotte mettra le cap au N. E., et viendra se ranger en ligne dans la direction EF ; si l'ennemi paraissait dans le N. O., par bâbord, la flotte

viendrait se former en ligne, sur la gauche, par une manœuvre semblable.

110. Afin de pouvoir se former aussi vite que possible en ligne de bataille, les colonnes de vaisseaux devraient être aussi peu profondes que les colonnes d'une armée. Des vaisseaux rangés en colonne sur une seule ligne ne sauraient être placés à moins d'une encâblure (720 pieds — 218 mètres) les uns des autres, sans risquer de s'engager réciproquement. Supposons que la longueur d'un vaisseau soit de 245 pieds, 76 mètres environ, une escadre de sept vaisseaux de ligne, rangée sur deux colonnes, le vaisseau commandant placé en tête en avant des deux colonnes et au centre, occupera une profondeur de 1050 yards ou 960 mètres, au lieu qu'elle n'occuperait qu'une pronfondeur de 330 yards ou plutôt 390 mètres, si elle était rangée en échelon. Figures 9 et 10.

Quand des vaisseaux sont disposés en échelon, les marins anglais disent qu'ils sont en ligne, *bow and quarter*, parce que le bossoir et la hanche de deux vaisseaux voisins sont respectivement situés dans la même ligne de relèvement.

111. La défense réciproque que des vaisseaux faisant route sur une ligne de relèvement se prêtent

les uns aux autres, permet de considérer cet ordre
de marche comme la base la mieux fondée des
principes de la tactique ; mais cet ordre est restreint à des cas particuliers et ne peut être maintenu que difficilement sur des vaisseaux à voiles.
Avec la vapeur, il est toujours possible et facile de
mettre en pratique l'ordre oblique et les formations
en échelon, et on devrait l'employer non-seulement
en marche, mais encore au mouillage ; car, si des
vaisseaux sont mouillés sur des lignes de relèvement en échelon par rapport au vent ou à la marée,
ils ne pourront pas tomber en travers les uns sur
les autres. On ne saurait douter que des flottes à
vapeur n'adoptent dorénavant le mode de stratégie
maritime que l'on vient d'exposer.

« L'ordre oblique est l'ordre de bataille le plus
usité, le plus savant et le plus susceptible de combinaisons. » (*Guibert*, vol. II, p. 73.) On pourrait appliquer aux flottes à vapeur formées sur
l'ordre oblique et en échelon ce qu'on dit des armées de terre.» (Bouët Willaumet, *Batailles de mer*,
p. 425.)

112. Dans la tactique des flottes à voiles, il n'y
avait que deux lignes de relèvement au plus près.
Les vaisseaux pouvaient être rangés à la file les uns

derrière les autres, ou bien en échelon (en échiquier) aux mêmes amures, à six pointes du vent.

Ainsi, des vaisseaux pouvaient être rangés tribord amures sur une ligne à la file AB (fig. 11), ou
bien sur la ligne de relèvement AC, *en échiquier sur*
la ligne du plus près babord de la tactique française.

On pouvait aussi les former babord amures sur
la ligne de file DE, ou sur la ligne de relèvement
DF, en *échiquier sur la ligne du plus près tribord de*
la même tactique. Dans l'une ou l'autre position, il
est possible d'amener les vaisseaux en échiquier à
se former en ordre de bataille sur les lignes AB
et DF.

Mais les vaisseaux à voiles ne sauraient pratiquer
aucun mouvement au-delà des lignes du plus près,
sans recourir au long procédé de virer de bord et
de gagner dans le vent ; par conséquent, il existe
toujours sur la rose des vents un secteur de 135° ou
douze pointes, dans lequel ils ne peuvent attaquer
l'ennemi ou faire de mouvement direct.

113. Si l'on suppose le vent au Nord, une flotte
à voiles pourra se mettre en ligne sur tous les aires
de vent, depuis l'E.-N.-E. jusqu'à l'O.-N.-O., en
passant par le Sud. Passé ces limites, il n'y a que la
vapeur qui puisse continuer ou commencer le

mouvement. Des vaisseaux à vapeur peuvent marcher dans toutes les directions en calme, et quand
il y a du vent, ils peuvent remonter jusqu'à son origine. Aussi une flotte à vapeur bien composée et
bien commandée, pourrait couler, brûler ou capturer une flotte à voiles équivalente ou même supérieure, en manœuvrant dans l'espace qui lui est in-
terdit par la nature des choses.

L'ordre de retraite.

114. L'ordre de retraite vent arrière sur deux
lignes de relèvement, faisant entre elles un angle de
135°, se trouve réprésenté dans la figure ci-après
(*fig.* 12). L'inspection des lignes de tir, sur l'arrière, montre combien les vaisseaux se défendent
réciproquement, et quelle résistance ils opposent à
l'ennemi qui les poursuivrait ; d'autre part, cet ordre de marche est extrêmemeut fort sur les deux
flancs de l'armée, en raison des feux croisés de
toutes les batteries de l'arrière et du travers.

C'est par erreur que l'on a fait remonter à une
date récente l'adoption de cet ordre de retraite. Il
se trouve décrit tout au long dans le Traité de Paul
Hoste, traduction du capitaine Boswald, p. 42,

comme ayant été pratiqué par Van Tromp, en 1653,
lors de la bataille navale au large de Portland. En
1795, l'amiral Cornwallis dirigea sa retraite d'après
ce principe. *James*, vol. I, p. 240.

115. Paul Hoste, reconnaissant que l'ordre de
marche sur deux lignes de relèvement formant
entre elles un angle de 135°, est trop étendu, constate qu'il faudrait rapprocher les ailes : l'observation est juste. Une flotte de steamers pourrait la
mettre à profit ; mais, pour en faire autant, une
flotte à voiles devrait tout d'abord renoncer au principe même de son ordre de retraite ; car il est indispensable qu'en prenant le plus près tribord ou bâbord amures, chaque vaisseau d'une flotte à voiles
se trouve en ligne de bataille... les deux lignes de
relèvement ne devraient pas dépasser l'angle de 90°
dans une flotte de vaisseaux à vapeur ; l'angle pourrait même être inférieur, quand on n'a pas à garder
un convoi à l'abri entre les deux ailes, ainsi que le
fit Van Tromp, en 1653.

116. On a très-rarement essayé de mettre en
pratique ces formations précises et délicates sur les
flottes à voiles, parce que les vaisseaux à voiles sont
trop exposés à faire des avaries dans leur gréement
et leurs voiles, et qu'il est fort difficile de régler

leur vitesse à volonté, en contre-brassant et en faisant des manœuvres plus compliquées. Les guerres maritimes de la grande révolution française offrent peu d'exemples d'une flotte rangée sur une ligne de relèvement. Le 31 mai 1794, lord Howe fit le signal aux vaisseaux de sa flotte de venir au vent, tous à la fois, babord amures, et bientôt après, il leur signala de se former sur la ligne de relèvement tribord. Une fois dans cet ordre, il laissa porter sur l'ennemi, dans le but d'engager à la fois son avant-garde, son arrière-garde et son centre. Mais plusieurs vaisseaux mauvais marcheurs tombèrent si fort de l'arrière, que l'amiral, qui aurait pu commencer le combat dans la matinée même, s'il n'avait pas eu de mauvais marcheurs, remit la bataille au lendemain.

Quand des vaisseaux à voiles sont sur une ligne de relèvement, ce n'est qu'avec la plus grande difficulté qu'ils peuvent se maintenir à leurs postes respectifs (*Paul Hoste*, chap. VIII, traduction du capitaine Boswall). Ils sont très-exposés à tomber en confusion ; mais des flottes à vapeur, rangées sur des lignes de relèvement, peuvent se maintenir en ligne avec une précision mathématique. Elles peuvent changer leur route dans une direction oblique

ou perpendiculaire avec beaucoup de facilité. Les
escadres d'évolution devraient être exercées à ces
sortes de mouvements ; car il est indubitable qu'ils
se présenteront fréquemment par la suite, et il faudra les exécuter avec la dernière précision. « Cet
ordre en échelon est difficile à observer, car il est
utile de le rendre familier aux vaisseaux d'une
flotte à vapeur, lesquels sont appelés à le pratiquer
dans les évolutions navales. « Comte Bouët de Willau-
nez , *Batailles de mer* .) L'amirauté ne saurait
prendre le sujet en trop sérieuse considération.

Le service des grandes flottes employées dernière-
rement dans la Baltique ou la mer Noire, avait un
caractère plutôt militaire que maritime, et quand
même elles eussent été uniquement composées de
vaisseaux à vapeur, ce qui est loin d'avoir été,
il ne leur eût pas été possible de se livrer aux évolutions sous vapeur.

117. L'ordre défensif en échelon double ne peut
servir aux flottes à voiles qu'à couvrir leur retraite
quand elles font route vent arrière en route libre :
pour une flotte à vapeur, cet ordre peut être converti facilement en formation offensive, ressemblant à l'ouvrage de fortification passagère qu'on
appelle redan. Il y a tout avantage à adopter cet

ordre préliminaire avant de se former en ligne de
bataille.

La tactique militaire sur terre et sur mer. —
Avantage de l'ordre en échelon.

118. Dans les fortifications à terre, un simple
redan est un ouvrage extrêmement défectueux. Dé-
pourvu de flancs, le secteur en avant de son angle
saillant n'est pas défendu, et ses faces ne sont pas
protégées par des feux parallèles. Il y a au contraire une très-grande force dans la formation en
double échelon composée de trois, cinq, ou un
nombre impair de vaisseaux : c'est comme un redan avec crémaillère. L'espace en avant de l'angle
saillant A, *fig.* 13 et 14, est défendu par le feu des
canons de l'avant de tous les navires en formation,
tandis que les batteries de côté du navire situé en
A, tout aussi bien que les batteries extérieures des
vaisseaux placés sur les ailes, défendent l'avant des
vaisseaux qui sont en arrière.

Si l'on fait usage de cette formation angulaire
en avant d'une flotte, et pour renforcer sa position comme, dans les travaux de défense, on emploie les redans pour rénforcer d'autres ouvrages,

l'angle saillant n'a pas besoin d'être plus grand que
60°, ou un peu moins de cinq pointes et demie du
compas, comme dans la figure 13 ; mais, si on
l'applique à la formation des doubles colonnes
dans les mouvements des flottes, comme on le voit
dans la figure 8, l'angle saillant devrait être droit,
contenir huit pointes, comme dans la figure 14,
afin de mieux assurer la force militaire de cet ordre de marche sous vapeur, dans les doubles colonnes perpendiculaires qui protégent l'armée et
en sont protégées par des feux de flanc (droite de
n, gauche de *p*, *fig.* 8).

119. Les Français sont aussi instruits dans la
théorie de la tactique qu'habiles à pratiquer l'art
de la guerre moderne, et si l'on peut citer l'*Essai*
de Guibert comme le meilleur commentaire qui ait
paru sur la tactique des armées de terre, on peut
dire avec une égale vérité que le *Traité* de Paul
Hoste sur la stratégie maritime, est la source d'où
sont sortis tous les écrits qui ont paru depuis sur
cette matière. Maintenant, grâce à la célérité et à
la précision que les flottes à vapeur peuvent mettre
à exécuter tous les mouvements qu'elles voudront,
il est permis d'appliquer les principes de la tactique
terrestre au mouvement des vaisseaux sur l'Océan,

avec cet avantage pour les opérations maritimes,
que les inégalités de terrain qui embarrassent si
sérieusement la manœuvre des troupes, n'existent
pas à la mer. On se propose en conséquence d'établir l'analogie qui existe entre la tactique des armées en campagne et celle des flottes à vapeur sur
l'Océan, en vue de tirer de cette analogie les leçons
qui paraîtront le plus utiles pour la stratégie maritime.

120. Un illustre tacticien militaire a dit avec raison qu'il existe une connexion intime entre l'art
des fortifications et la tactique en campagne. (*Guibert*, vol. II, p. 194), et que cette dernière dérive
plusieurs de ses principes de l'art de construire des
forteresses permanentes. Dans les deux cas, l'objet
essentiel est de disposer les parties, soit ouvrages,
soit corps de troupes, de manière qu'ils puissent se
protéger l'un l'autre ; il infère de là, que pour être
bon tacticien, il est nécessaire d'être bon ingénieur
militaire. On peut dire par analogie, d'un bon tacticien sur mer, qu'il devrait disposer les vaisseaux
d'une flotte de telle façon qu'ils se défendent réciproquement.

On obtient une défense réciproque dans la construction des ouvrages militaires en brisant la ligne

de front par d'autres lignes en angle qui fournissent
des feux parallèles à sa direction, tandis que la ligne de front en fournit d'équivalents aux lignes en
angle. Rien n'est plus facile que d'appliquer ce
principe aux formations maritimes, puisque, quel
que soit l'ordre adopté, les vaisseaux à vapeur doivent toujours s'avancer parallèlement ; il est donc
nécessaire seulement de placer quelques vaisseaux
en échelon, comme on le voit en CD et EF, Fig. 15.
De cette manière, on obtient une défense puissante
par le feu des batteries de côté des vaisseaux en
échelon, croisé avec le feu de la batterie avant des
vaisseaux rangés sur la ligne du travers. Si l'ennemi approche, on changera l'ordre du corps principal en ligne de file, par un mouvement analogue
à celui des troupes dans un corps de bataille. Dans
cet ordre, les vaisseaux pourront employer leurs
batteries, de côté de la même manière que des troupes déployées feraient un feu direct. Le corps de la
flotte serait puissamment protégé par le feu croisé
des batteries avant et arrière des vaisseaux des ailes, de même qu'une ligne de troupes se trouve protégée par les batteries d'artillerie placées sur ses
flancs.

121. Comme à première vue, la formation d'une

ligne de bataille en échelon offensif ou défensif
peut paraître d'une exécution difficile, on se propose d'examiner en détail les conditions de cette
ordonnance, et l'auteur espère parvenir à démontrer que cette manœuvre est facile avec une flotte
de vaisseaux à vapeur et qu'elle présente de grands
avantages sur la ligne de file ordinaire.

1° Les vaisseaux à vapeur peuvent se maintenir
dans l'ordre en échelon avec facilité et précision,
puisque toute la manœuvre consiste à garder les
bâtiments sur une même ligne de relèvement et sur
la même route au compas. Les compas des différents navires pouvant varier l'un avec l'autre en
raison de l'action variable du fer de chaque vaisseau sur l'aiguille aimantée ou pour d'autres causes, il serait opportun que les compas fussent souvent comparés ensemble par signaux et corrigés au
besoin. Pendant la nuit, ou bien quand on est enve-
loppé par la fumée, les mâts des vaisseaux voisins
seront toujours des repères pour se maintenir en
échelon.

2° Des vaisseaux rangés comme dans la figure 16
ci-après, ne courent aucun danger d'être atteints
par les boulets de ceux qui sont placés à droite
ou à gauche.

Car, supposons que les quatre vaisseaux A, B, C, D soient une portion de la flotte rangée sur la ligne de relèvement EF, Est et Ouest, tandis que les vaisseaux font route sous vapeur, le cap au N.-E.. l'intervalle entre chaque vaisseau étant de **970** pieds, (mesure française, 259 mètres), cette distance est calculée sur l'hypothèse que l'intervalle entre deux vaisseaux en ligne à la file est de 720 pieds, 219 mètres, une encâblure mesurée de l'avant de l'un à l'arrière de l'autre, à quoi il faut ajouter la moitié de la longueur des vaisseaux supposée de 125 pieds, 42 mètres. Alors le feu des canons de chasse des batteries avant de chaque vaisseau croisera le feu des canons du travers des batteries de côté du vaisseau qu'il relève par son bossoir, à moins de 420 pieds, 128 mètres, quand même le tir serait perpendiculaire à la route. Les canons de chasse des vaisseaux ainsi rangés ne devraient tirer qu'à boulet plein pour éviter les éclats d'obus qui pourraient éclater dans les canons. On peut néanmoins tirer à obus dans les batteries de côté sans incommoder les vaisseaux voisins, pourvu qu'on ait l'attention de pointer les canons sur l'avant du travers.

3° Les vaisseaux de ligne portent dans chacune

de leurs batteries et sur le gaillard d'avant deux canons de chasse dont on ne peut pas se servir dans
l'ordre de bataille en ligne de file, tandis que dans
l'ordre de combat en échelon, les canons qui sont
à tribord de l'avant, tout aussi bien que ceux qui
sont à bâbord et qui ne peuvent prendre part à une
action par le travers, seraient de la plus grande efficacité. On pourrait ainsi utiliser cent quatre-vingts
canons de plus dans une flotte composée de vingt
vaisseaux à deux ponts; le chiffre serait plus élevé
s'il y avait parmi, des vaisseaux à trois ponts.

Des vaisseaux faisant vapeur en échelon ne sont
pas dans les eaux les uns des autres ; ils ne cour-
raient donc pas le risque d'embrouiller leurs hélices, soit qu'ils gagnent de l'avant ou tombent en
arrière : car ils éviteraient les débris de cordages,
espars ou voiles coupés par les boulets dans d'autres vaisseaux, qui ne manqueraient pas de s'engager dans les hélices, si les vaisseaux étaient rangés
sur une ligne à la file. Le soin de chaque vaisseau
se bornerait à empêcher son hélice de s'embrouiller
dans les débris de son propre gréement en le faisant
hâler à bord, ou tout au moins en le retirant du
sillage.

122. On pourrait comparer des vaisseaux dispo-

sés en échelon sur une ligne de relèvement à une
série de redoutes ou à un retranchement en crémaillère, ou bien à des corps d'infanterie formés
en carrés, la diagonale parallèle à la ligne de bataille. Au moyen de leurs canons de chasse et de
leurs batteries de côté, ils se soutiennent réciproquement ; la partie la plus forte du vaisseau dé-
fend le point faible du vaisseau voisin, comme on
le voit figure 15 ci-dessus, et comme on le verra
ci-après fig. 18, art. 130.

123. Les petits steamers armés à l'avant et à l'arrière, devraient toujours agir par paires, soit pour
attaquer, soit pour se défendre. Ainsi associés, deux
bâtiments, avec moins de dépenses en hommes et
en matériel, seraient plus formidables qu'un navire
du double de leur grandeur, par suite de la défense
réciproque qu'ils se prêtent mutuellement, et par
la faculté qu'ils possèdent de changer rapidement
leur position selon l'exigence des cas; et s'ils étaient
bien manœuvrés, la partie ne serait pas égale entre
eux et leur gros adversaire.

124. Une ligne de bataille formée de vaisseaux
complètement armés à l'avant, à l'arrière et sur les
côtés, n'offre aucun point mort, attendu qu'on
peut diriger ses canons sur tous les points de l'ho-

rizon. Le gaillard d'avant de tous les vaisseaux est
armé d'une longue pièce à pivot lançant des boulets
pleins de 68, et il y a en outre quatre canons de
chasse dans chaque batterie avant. Le tambour ou
ouverture à travers laquelle on hisse l'hélice pour
la réparer ou la remplacer, (art. 60) est un obstacle
à l'armement des vaisseaux de ligne et paralyse
deux canons dans chaque batterie; par conséquent,
il n'y a par batterie arrière que deux canons que
l'on puisse utiliser. (Le tambour du puits ne gêne
pas les canons à pivot des frégates et bâtiments armés en flûte, attendu qu'il est fermé par des panneaux formant pont.) Ainsi, la batterie avant des
vaisseaux à deux ponts se compose de neuf gros canons, et celle des vaisseaux à trois ponts, de onze.
Les batteries arrière des vaisseaux à deux ou trois
ponts comportent de quatre à six canons au moins.
Quoique de cette façon, les vaisseaux de ligne soient
réellement forts à l'avant et à l'arrière, on désigne
en terme technique ces parties sous le nom de
points faibles, par comparaison avec leurs batteries
de côté qu'on appelle les points forts.

125. Quand une flotte de vaisseaux est mise en
ordre de combat par échelons, les batteries de l'a-
vant sont appelées à servir, et il est de la dernière

importance qu'elles soient aussi fortes que possible;
dans la disposition représentée par la figure 16, le
canon de chasse devrait être établi sur son biton de
babord, et les sabords de chasse inoccupés dans
chaque batterie devraient être armés avec les canons les plus voisins, qu'on y amènerait des batteries de tribord où ils sont sans emploi. Tous les canons du bord qui combat devraient être pointés sur
l'avant du travers, autant que la largeur des sabords
le permet. Pour les canons du milieu, c'est un angle
de 37°.30' comme on le voit figure 17, *grand exercice du canon de l'Excellent*, pag. 46. Mais l'angle
va en diminuant vers l'arrière, à cause de la forme
conique du vaisseau. On pointe ainsi les canons
afin que leur feu soit moins oblique sur le vaisseau ennemi, pour qu'ils atteignent à de moindres
portées, et pour que les boulets passent plus loin
des bossoirs des vaisseaux voisins.

Quand une flotte est rangée dans l'ordre de bataille en ligne de file, non seulement il n'y a pas de
défense réciproque, mais, il y a beaucoup de canons
sans emploi sur l'avant des batteries. Dans une
flotte de vingt vaisseaux de ligne, dont six seraient à
trois ponts, il y a cent cinquante-deux canons dont

le feu serait masqué par les chefs de file, *les matelots d'avant.*

On devrait abandonner l'usage primitif de former les flottes en ligne de bataille étendue et sans
art, telle que les vaisseaux ne peuvent se prêter aucune assistance réciproque, et n'ont pas de seconde
ligne de réserve, usage qui correspond totalement
à celui auquel les armées de terre ont renoncé depuis si longtemps.

126. Affranchis des caprices du vent et des manœuvres compliquées de la voile, les mouvements
des flottes à vapeur ne seront plus limités à une
seule ligne de relèvement, ni à un seul ordre de bataille dans une direction particulière, et les intérêts
nationaux ne seront plus mis en jeu, sur la chance
d'un combat, engagé dans une position si mala-
droite, qu'on n'est jamais sûr de pouvoir empêcher
un ennemi de couper ou de doubler sa ligne.

127. Dans la formation en échelon, soit qu'on attaque ou qu'on soit attaqué, on peut faire conver-
ger vers l'ennemi le feu croisé de tous ses vaisseaux.
Si l'inclinaison des vaisseaux sur la ligne de relèvement est inférieure à quarante-cinq degrés, le feu
des batteries avant sera trop près des vaisseaux
qu'il protège pour être sans danger; au contraire,

si l'angle est plus grand, les feux seront trop
éloignés ; il suit de là que l'angle formé par la
quille de chaque vaisseau avec la ligne de relèvement devrait être de la moitié d'un angle droit. Il
est à remarquer que les boulets qui pourront atteindre l'ennemi qui s'avance perpendiculairement
à la ligne de relèvement, l'atteindront obliquement,
bien qu'ils soient tirés en belle. Ce serait en quelque façon un feu d'enfilade.

128. Un coup d'œil jeté sur la figure 16, art. 121,
rendra évident que, si l'arrière de la flotte était attaqué par la hanche de tribord, la formation en
échelon lui donnerait l'avantage d'un feu croisé des
quatre ou huit canons de poupe de chaque vaisseau
avec les batteries de tribord de tous les vaisseaux
qui sont à gauche. En conséquence, puisque
chaque vaisseau a à la fois ses deux bords et ses
deux extrémités dégagés pour faire feu, il est clair
qu'une flotte faisant vapeur dans cet ordre a une
immense force militaire et se trouve en position
d'avancer ou de battre en retraire. L'ordre en échelon a en outre l'avantage de conduire facilement à
n'importe quelle évolution ultérieure.

129. Nonobstant la grande puissance d'artillerie des vaisseaux de ligne, ils ont comme les autres

bâtiments tant d'inconvénients à redouter quand
ils s'exposent à un feu d'enfilade, qu'ils devraient
éviter autant que possible la position debout sur
l'une ou sur l'autre extrémité. Mais, si les vaisseaux
d'une flotte sont ordonnés en échelon, ils ne seront exposés qu'un moment, puisque, comme on
peut le voir dans la figure, si l'ennemi essayait de
prendre avantage de cette position pour prendre
les vaisseaux en enfilade, il devrait nécessairement
mettre ses vaisseaux dans une position pareille et
il s'exposerait lui-même à être enfilé. Ainsi, toutes choses égales d'ailleurs, l'action serait conti-
nuée à termes égaux.

On retardera peut-être l'adoption de ce nouvel
ordre de bataille en lui reprochant d'être entièrement théorique : à cette objection, l'auteur répli-
quera qu'il n'est pas nouveau en principe et qu'il
a déjà été appliqué plusieurs fois. Il est visible par
l'ordre de retraite (fig. 12, art. 114) que chaque
aile prise à part est formée en échelon, d'une manière tout à fait semblable à la forme représentée
fig. 16, art. 121. — L'ordre de retraite est fort sur
les deux flancs par le feu réciproque des navires qui
le composent ; il est fort sur l'arrière par les feux
de poupe et de bordée qui se croisent réciproque-

ment. Des bâtiments à voiles ne sauraient l'inter-
vertir de manière à en former un ordre de marche;
mais on peut le faire aisément par la propulsion à
vapeur : dans ce cas, les batteries de côté et les batteries avant des vaisseaux se croisent réciproquement. A moins donc que ceux qui n'ont pas foi dans
la proposition de l'auteur ne puissent démontrer
que l'ordre de retraite, mis en pratique si fréquemment et avec tant de succès par les flottes à
voiles, est vicieux en principe et restreint dans son
application, au point de ne pouvoir être appliqué
en toute circonstance, il doit s'ensuivre que l'ordre de combat en échelon que l'on propose est un
ordre plein de force et d'à propos. Il est certain que
des flottes à vapeur peuvent l'exécuter avec la dernière précision sur n'importe quelle ligne de relèvement, et on ne saurait douter que l'usage de cette
formation ne s'étende de plus en plus dans la tactique des flottes à vapeur.

En rangeant les vaisseaux pour le combat dans
un ordre oblique, il en résulte un avantage d'une
importance peut-être vitale. Les arrières des vaisseaux à vapeur qui, en raison du voisinage du centre de puissance pour se mouvoir et gouverner,
peuvent être considérés comme leur partie la plus

vulnérable, sont mis à l'abri du feu des vaisseaux
ennemis au lieu d'y être exposés. Le plus formidable vaisseau à vapeur devient un adversaire impo-
tent quand une flotte étant rangée en ligne de file,
un feu bien dirigé vient à atteindre les organes essentiels que renferme la partie arrière, tête de gouvernail, jaumière, tambour du puits et tout l'appareil à gouverner.

130. Une flotte de neuf vaisseaux rangés en ligne
du travers au centre et en échelon sur les ailes, fig.
15, art. 120, à la distance de 970 pieds, **295 mètres**,
l'un de l'autre mesurés de centre en centre, couvri-
rait un espace d'environ 2600 yards, **2376 mètres**.
Dans ce cas, le feu des vaisseaux en échelon sur
chaque flanc se croiserait efficacement sur le front
des vaisseaux en ligne; mais une flotte de vingt
vaisseaux ou plus devrait former un double échelon sur le centre avec un peloton de cinq, sept, enfin un nombre impair de vaisseaux, voir fig. 18,
de telle sorte que le feu des vaisseaux du centre croise le feu des deux ailes dans les deux directions. Cette formation ressemble à un grand
front de fortification, et à ce titre, elle possède une
grande force militaire. Toutefois, il doit être bien
entendu que cette disposition, comme celle décrite

art. 120, a pour objet principal d'occuper une position purement défensive dans des circonstances
où il est sinon impossible, du moins très-difficile
à l'ennemi de tourner l'une ou l'autre aile de la
flotte, pour éviter une attaque de front.

C'est ce qui peut avoir lieu quand on a besoin
de défendre un bras de mer. Si l'on a pris cette
disposition en pleine mer et que l'ennemi déclinant
une attaque de front, fasse route pour tourner un
de ses flancs, on pourra porter rapidement les vaisseaux en échelon sur une ligne générale, et toute la
flotte en masse pourra changer de position en se
portant en ligne sur le point menacé. Pour y parvenir, elle n'aurait qu'à décrire la corde, tandis que
la flotte ennemie aurait à décrire toute la longueur
de l'arc. Le commandant de la flotte maintenue sur
la défensive pourrait devancer le mouvement de
son adversaire et probablement le déjouer dans ses
projets.

131. Les flottes à voiles ont toujours eu des frégates éclaireurs et des petits bâtiments destinés à
se procurer des renseignements ; mais ces sortes de
navires n'ont pas été utilisés comme garde avancée
pour couvrir la flotte, à cause de l'impossibilité de
les mettre à l'abri du feu de la flotte quand on com-

bat : avec des flottes à vapeur la chose sera très-
praticable, et il sera très-important d'adopter à cet
égard un usage correspondant à celui des armées en
pays découvert. On aura donc des postes avancés
de petits steamers rapides, soutenus par des frégates à vapeur, comme on le voit fig. 8, art. 109, en
sorte qu'un ennemi ne puisse approcher sans les
obliger à se replier et découvrir par là ses intentions
dans une certaine mesure. Ces détachements avancés, contraints de reculer, se formeraient en échelon et passeraient facilement dans les intervalles de
leur propre ligne, ou tourneraient ses flancs, pour
venir se mettre en réserve sur les derrières, prêts à
toute éventualité.

132. La formation d'une flotte sur deux lignes
parallèles en échiquier comme on le voit dans la
figure 19, les vaisseaux de la deuxième colonne couvrant les intervalles qui séparent la première, constitue un bon ordre de marche sous vapeur, mais non pas un bon ordre de combat.

Car, pour que les vaisseaux de la deuxième ligne
puissent défendre les créaux de la première, ou
pour que les deux lignes puissent se rassembler en
une seule, il faut que la distance d'une ligne à
l'autre aussi bien que les créneaux dans chaque

ligne soient fort grands, au moins de deux encâblu-
res. Il serait préférable que les vaisseaux de la ligne de front fussent rangés à la distance ordinaire
d'une encâblure, et que la seconde ligne constituât
une force de réserve prête à se mettre en mouvement dans toute espèce de direction, selon le besoin.

133. Avec une flotte de vaisseaux à voiles on
ne peut doubler la ligne de l'ennemi que sur les
vaisseaux les plus arrière et sous le vent en laissant
porter, dans l'hypothèse où les deux flottes auraient les mêmes amures. Dans toutes ces opérations, il est fort difficile de garder les vaisseaux à
voiles en position convenable sur l'un et l'autre
côté de leur partie adverse, l'un sur la joue, l'autre sur la hanche du vaisseau attaqué, de manière
que les assaillants ne fassent pas feu sur eux-mêmes.

Remarques sur les batailles du Nil et de Trafalgar.

134. La plus savante, la plus brillante et la plus
heureuse des batailles livrées par Nelson et probablement par la plupart des autres grands hommes
de mer, est celle dans laquelle il attaqua la flotte

française à l'ancre dans la baie d'Aboukir. Le
1er aout 1798, Nelson doubla l'avant-garde française de manière que sept vaisseaux français furent
attaqués des deux bords par onze vaisseaux anglais, tandis que l'arrière-garde française restait
sous le vent sans pouvoir manœuvrer pour secourir son avant-garde.

Le flotte française était à l'ancre sur une ligne
dirigée vers le nord-ouest , le vaisseau d'avant-
garde à environ 2400 yards, 2194 mètres, d'un
banc de sable. On s'était imaginé que la flotte anglaise ne pourrait passer entre la ligne et le banc;
mais lord Nelson s'apercevant que les Français
étaient mouillés sur une seule ancre, eut la sagacité
de reconnaître que l'amiral français avait dû s'assurer qu'il y avait assez d'eau entre le banc et son
vaisseau de tête pour lui permettre d'éviter dans un
changement de vent, et il décida son plan d'attaque
en conséquence. Les intervalles entre les vaisseaux
français étaient de 160 yards, 146 mètres, et toute
la ligne, y compris la longueur des vaisseaux, se
développait sur une longueur d'un mille et demi,
2276 mètres.

Comme le jour était fort avancé (5 heures du
soir), l'amiral français en conclut que Nelson re-

mettrait son attaque au lendemain; c'est pourquoi
il disposa ses ancres de façon à pouvoir diriger le
feu de toutes ses bordées sur son adversaire le lendemain matin. Nelson trompa son attente : formant ses quatorze vaisseaux sur deux divisions, il
destina la première à passer entre l'avant de la
flotte française et le banc, et à se ranger à l'intérieur de la ligne ennemie, tandis que la seconde
division viendrait se ranger à l'extérieur. De cette
façon, chaque vaisseau français jusqu'au septième,
l'*Orient*, devait se trouver attaqué par deux vaisseaux
anglais qui le battraient d'écharpe, l'un sur le bossoir de babord ou à l'arrière, l'autre sur la hanche
de tribord ou à l'avant : pour cela, chaque vaisseau
anglais se disposa à mouiller par l'arrière en passant un câble de détroit par les sabords d'embossage, le suspendant le long du bord sous les sabords de la batterie basse, et l'amarrant à l'ancre
de bossoir du même bord, en sorte qu'en filant du
bord aussitôt l'ancre mouillée, le vaisseau pût être
rappelé sur l'arrière. Ainsi, avec deux câbles amarrés sur la même ancre, la batterie des vaisseaux
put être orientée d'une manière convenable pour
agir en filant sur un câble et halant sur l'autre.
C'est ainsi que onze vaisseaux anglais doublèrent

avec beaucoup d'habileté et de précision les sept
vaisseaux de l'avant-garde française, et dans cette
fameuse affaire qui commença à 5 heures après
midi, tandis que les vaisseaux anglais ne se faisaient aucun mal l'un à l'autre, ils capturèrent
tous ceux auxquels ils étaient opposés. Ce fut une
grande faute de la part de l'amiral français de ne
pas avoir mis à la voile aussitôt qu'il aperçut la
flotte anglaise.

135. On ne surprendra jamais une flotte à vapeur dans une position aussi désespérée : les vaisseaux mettraient sous vapeur et essayeraient l'issue
d'une action générale, ou autrement les vaisseaux
qui ne sont pas doublés pourraient doubler l'une
ou l'autre des divisions d'attaque.

L'habileté nautique déployée par Nelson dans
cette grande bataille, était un exemple pratique de
la maxime de tactique militaire, qui enseigne que
dans un combat on doit amener des forces supérieures sur un point donné, de telle sorte que l'ennemi soit hors d'état de secourir sa partie écrasée,
quand bien même l'ensemble de ses forces serait
supérieur. Napoléon 1er a dû ses principaux triom-
phes à l'application de cette maxime.

Si la flotte française avait été mouillée sur deux

lignes, ou Nelson n'eût pas entrepris son attaque audacieuse, ou bien, s'il l'eût tentée, l'une de ses divisions aurait été prise entre deux feux. L'auteur fait cette observation pour montrer les inconvénients d'étendre une flotte sur une simple ligne sous voiles aussi bien qu'à l'ancre, et faire voir combien il est important de ranger ses vaisseaux sur deux lignes au moins, afin de se ménager une réserve.

Toutefois, ce sera dorénavant une évolution importante dans les mouvements offensifs des flottes à vapeur que de doubler les vaisseaux d'une flotte ennemie; mais il faudra s'y prendre différemment qu'autrefois. Ce sera plutôt en se doublant sur l'avant-garde et en y mettant le désordre, qu'en attaquant l'arrière-garde.

136. Ce serait une entreprise bien hasardée que d'essayer de pénétrer la ligne d'une flotte rangée en ordre de bataille par échelons comme dans la fig. 16, art. 121, les vaisseaux agresseurs marchant dans une direction contraire à celle de la flotte attaquée. Car, dans un pareil ordre, les navires ont des lignes de feu dans toutes les directions, et le vaisseau qui s'avancerait pour pénétrer la ligne de bataille aurait contre lui le feu croisé de deux

vaisseaux au moins; il serait indubitablement cri-
blé ou désemparé, soit en pénétrant, soit après
avoir pénétré. Il est toutefois convenable que l'intervalle entre des vaisseaux rangés en échelon sur
une ligne de relèvement, demeure ouvert dans
toute sa largeur aux vaisseaux d'une flotte ennemie
qui tiendrait la même route en vue de couper la ligne. Supposons qu'une flotte rangée sur une ligne
de file vienne couper la ligne entre les vaisseaux B
et C, fig. 16, art. 121, elle aura contre elle le feu
des batteries de tribord des vaisseaux A et B, et
après avoir été exposée à une enfilade générale des
canons arrière des vaisseaux voisins, pénétrant l'intervalle sous le feu des batteries C et D, elle aurait
encore à subir un feu d'enfilade des canons avant
des mêmes vaisseaux qui l'auraient déjà enfilé en
entrant. Mais, admettons que la ligne soit traversée, rien ne serait plus facile aux vaisseaux de la
ligne en échelon que de marcher de l'avant et de
venir mettre entre deux feux les vaisseaux agresseurs.

137. L'attaque d'une flotte à voiles venant du
vent était dans l'obligation de laisser porter directement ou obliquement sur les batteries de l'ennemi, bien qu'en le faisant ses vaisseaux fussent

exposés à un feu d'enfilade avant d'atteindre une
position favorable pour engager de près ou pénétrer
sa ligne ; en laissant ainsi porter sur des vaisseaux
sous le vent, une flotte à voiles a toujours été mal-
traitée dans ses voiles, dans sa coque, dans son
gréement, même quand l'artillerie était beaucoup
moins perfectionnée qu'aujourd'hui. Les vaisseaux
de la flotte de lord Duncan furent beaucoup plus
gravement endommagés en laissant porter sur la
flotte hollandaise que dans n'importe quel engagement contre les Français ; et c'est certainement ainsi
qu'aurait été traitée la division de Nelson quand elle
laissa porter en ligne de file à Trafalgar, si l'artillerie française et espagnole avait été aussi bien
dirigée que celle des Hollandais à Camperdown, et
que le serait aujourd'hui l'artillerie française.

138. En examinant au point de vue de la tactique les circonstances de la bataille de Trafalgar,
on verra que le plan de Villeneuve était de renoncer à l'usage défectueux de combattre en ordre de
bataille sur une seule ligne : il y a apparence qu'il
projetait de contracter sa ligne et de ranger ses forces de manière qu'il fût extrêmement difficile d'y
pénétrer en venant du vent, car il voulait donner
à sa flotte une puissance militaire basée sur la dé-

fense réciproque de ses vaisseaux. Villeneuve de-
vançait les usages de son temps par sa science nautique, et il opposait au plan d'attaque de Nelson
des obstacles plus grands que si chaque vaisseau
français ou espagnol se fût trouvé dans les eaux de
son matelot d'avant. On ne saurait douter que la
formation essayée par Villeneuve, encore qu'elle
ait manqué par suite des imperfections de la voile,
ne soit en faveur de l'ordre en échelon proposé par
l'auteur. On ne saurait douter que la stratégie à
vapeur ne finisse par l'adopter.

Quand on aperçut, un peu avant le point de
jour du 21 octobre 1805, les flottes combinées de
France et d'Espagne, au large du cap Trafalgar,
elles étaient rangées tribord amures sur une ligne
ayant environ cinq milles d'étendue. A huit heures
trente minutes du matin, tous les vaisseaux virèrent lof pour lof à la fois, et se formèrent en croissant convexe sous le vent, très-irrégulier en apparence (*James*, vol. IV, p. 32). (Voir fig. 20.)

Le rapport officiel de lord Collingwood constate
que, dans ce nouvel ordre, chaque vaisseau *a*, *b*, *c*,
a' b' c' était à environ une encâblure de son matelot d'avant ou d'arrière. Ainsi, la flotte combinée
semblait former une double ligne qui, vue par le

travers, paraissait laisser peu d'espace entre les vaisseaux.

L'œil exercé de l'amiral Collingwood reconnut dans cette formation, qui paraissait du désordre à plusieurs, l'indice d'un plan sagement combiné pour resserrer l'espace occupé par les flottes alliées, et pour mettre les vaisseaux en mesure de concentrer et de combiner leur force dans un feu réciproque. Le plan manqua par des circonstances sur lesquelles le commandant des flottes combinées ne pouvait avoir aucun contrôle, ainsi que nous l'avons fait observer; mais on doit accorder un grand crédit à l'illustre chef de la flotte anglaise, qui découvrit un nouveau principe de tactique navale dans un désordre apparent. Ce principe opposerait de grandes difficultés à un ennemi voulant traverser une ligne de vaisseaux.

Il est évident, aujourd'hui, que l'amiral Villeneuve avait le projet de former la flotte combinée sur deux lignes de relèvement, ayant le sommet de l'angle sous le vent, ce qui est tout à fait l'inverse de l'ordre décrit art. 114. Une flotte de vaisseaux à vapeur pourrait facilement réaliser et conserver cette formation, que les vaisseaux à voiles auraient beaucoup de peine à produire, et qu'ils pourraient à peine garder. La figure ci-dessus fait comprendre comment il faudrait ranger les vaisseaux.

139. Il est extrêmement probable que si l'artillerie de la marine française avait été aussi perfectionnée qu'elle l'est aujourd'hui, les divisions de la flotte anglaise auraient été entièrement désemparées, avant de pouvoir serrer au feu les flottes combinées, sur lesquelles elles laissèrent porter à Trafalgar. La vitesse des divisions de Nelson et de Collingwood n'excédait pas un mille et demi à l'heure, et le *Victory* demeura quarante minutes sous le feu de quantité de gros canons, avant d'atteindre la flotte ennemie. Selon M. de la Gravière (*Guerres maritimes,* vol. II, p. 185 à 188, traduction de Plunkett), Nelson aurait dû voir ses vaisseaux mis en pièces par les Français, comme la cavalerie, quand elle essaie à contre-temps de rompre les carrés d'une infanterie solide. Ce dédain des règles établies, en approchant de l'ennemi, provenait entièrement, écrit M. de la Gravière dans une notice relative à la traduction française du *Traité d'artillerie navale*, de sir Howard Douglas, de circonstances exceptionnelles, et peut être considéré comme une preuve de la décadence du canonnage dans la marine française pendant la guerre. (De la Révolution.)

(*Note du Traducteur.*)

140. Mais, dans la tactique des flottes à vapeur, des vaisseaux, munis de machines suffisamment fortes, n'auront pas besoin de s'exposer à de pareilles avaries pour arriver à engager l'ennemi d'assez près. Une flotte à vapeur, au lieu de laisser porter obliquement ou directement sur les batteries d'une flotte ennemie, viendrait élonger ses vaisseaux par l'arrière, et la doublerait avec sécurité sur deux divisions parallèles. L'ennemi ne pourrait empêcher une pareille manœuvre qu'autant qu'il aurait une réserve de vaisseaux en échelon pour couvrir ses derrières. En ce cas, pour réaliser son projet, la division d'attaque serait obligée de passer entre la réserve et la ligne principale, ce qui l'exposerait à leurs feux combinés.

141. Dans ce mode d'attaque, le succès dépend de la vitesse relative des deux flottes. Si la flotte de l'agresseur marche mieux que celle de l'ennemi, celui-ci ne pourra éviter le combat dans une situation désavantageuse ; si, au contraire, la flotte menacée marche plus vite que l'autre, elle pourra s'éloigner.

D'après ce qui a été prouvé, art. 139, quelques lecteurs penseront peut-être qu'il n'y aura plus, dans les batailles de mer, de ces attaques par divi-

sions laissant porter sur la flotte ennemie, comme
à Trafalgar, ou la doublant, comme à Aboukir, ces
deux couronnes de Nelson, et qu'ainsi le nouveau
système de stratégie navale mettrait un terme à ce
mode d'action hardi, résolu, audacieux, qui était
passé dans les usages de la marine anglaise ; mais il
n'en saurait être ainsi. Il est vrai qu'avec une artillerie navale aussi perfectionnée que celle d'aujourd'hui, on ne pourrait employer un mode d'attaque pareil à celui de Trafalgar, sans éprouver des
avaries sérieuses avant d'arriver à l'ennemi, et il est
fort probable qu'une formation aussi défectueuse que
celle d'Aboukir ne se reproduira plus. Mais nos habiles officiers, pénétrés des ressources de la nouvelle tactique, et nos excellents matelots, exécutant
rapidement les ordres de leurs chefs, avec un courage inébranlable, ne manqueront pas de découvrir
dans la stratégie à vapeur, maintes occasions de déployer la vigueur et l'audace qui caractérisent le
génie de la nation.

Doubler l'ennemi par l'arrière.

142. La faiblesse inhérente à l'ordre de bataille
sur une seule ligne de file, invitait naturellement à

doubler par l'arrère les flottes à voiles qui le mettaient en pratique ; et en vérité, c'était un mode
d'attaque formidable, comme on peut s'en assurer
en regardant la figure ci-dessous, fig. 21. Mais si
l'on a une flotte de vaisseaux à vapeur rangés en
ligne en AB, avec une bonne réserve en CD, fig. 22,
le tout commandé par un tacticien expérimenté, il
y aura fort peu de choses à craindre d'une pareille
attaque, car le chef de la flotte pourra faire doubler sa réserve sur la division ennemie qui cherche-
rait à pénétrer par l'arrière entre la flotte et la réserve qui la couvre et la protége.

Une flotte à vapeur bien commandée ne se bornerait pas à recevoir d'une manière passive, dans
la position qu'elle occupe, l'attaque dirigée contre
elle ; mais elle se serait bien vite mise dans une position telle qu'en prenant l'offensive, elle puisse
résister activement et tromper l'attente de l'ennemi.

Si donc une flotte est déjà en ligne de file AB,
avec une réserve CD, les vaisseaux occupant la position a, a, a, et c, c, c, et que l'ennemi s'avance
sur les deux lignes EF, GH, faisant mine d'attaquer l'arrière en doublant la flotte, les vaisseaux en

AB peuvent immédiatement se lancer en échelon
sur *e, e, e*, tandis que la réserve prendra la position *d, d, d*. Alors l'ennemi, au lieu de trouver la
flotte sans défense sur ses derrières, sera exposé
lui-même sur ses deux lignes d'attaque aux feux
directs des vaisseaux en ligne et en réserve qui le
croiseront sur l'avant, tandis que leur arrière sera
dérobé à ses coups. La moitié arrière de la ligne
AB pourra se former suivant AK, et l'autre moitié
suivant LM, ligne parallèle à la première et son
renfort ; dans ce nouvel ordre de bataille la flotte
pourrait engager l'ennemi en tête de ses lignes, et
le forcer à combattre dans une situation très-désa-
vantageuse. Il est fort probable que la tentative de
l'ennemi finirait par une complète déconfiture, et
l'on en tirerait un avantage immédiat. Les flottes à
vapeur peuvent exécuter promptement des contre-
manœuvres pour correspondre à toutes celles que
l'on peut entreprendre, et même les déjouer quand
elles sont dirigées avec l'habileté requise.

143. Une flotte à vapeur bien exercée et habile-
ment commandée ne devrait jamais se renfermer
dans une défense purement passive. La propulsion
à vapeur est par-dessus tout un agent actif qui ré-
clame de l'initiative et renforce l'exécution. C'est

pourquoi on devrait l'employer toujours avec vigueur et activité dans les opérations offensives. Un
tacticien célèbre a dit avec beaucoup de raison
qu'il faut chercher les victoires décisives dans les
opérations offensives et non dans une résistance
passive. « C'est dans une action offensive et non
dans la résistance qu'est la victoire. » Lloyd.

Marche sur la ligne du travers.

144. La marche d'une flotte de vaisseaux à voiles, sous la ligne du travers, est un mouvement
très-désavantageux et extrêmement difficile, car les
navires sont exposés à être enfilés par l'avant et par
l'arrière, et l'on ne parvient qu'avec la plus grande
peine à maintenir cet ordre avec les voiles; mais l'ordre en échelon est très-favorable pour s'approcher
obliquement de l'ennemi; car, dans cet ordre de
marche, les vaisseaux ne sont pas exposés à être enfilés. Une flotte à vapeur peut s'avancer avec autant
de précision, quand elle est rangée sur la ligne du
travers, qu'une armée de terre en ligne par colonnes;
et, en ordonnant ses vaisseaux en échelon, quand
elle sera près de l'ennemi, on évitera d'être enfilé. Il est à propos d'observer qu'un vaisseau ne

peut, en réalité, être enfilé que quand il est proche
de l'ennemi ; car, pour qu'il en soit ainsi, il faut
que la ligne suivie par le boulet, *la trajectoire* soit
horizontale : quand les vaisseaux sont assez éloignés pour obliger de pointer sous un angle oblique, alors la trajectoire acquiert une grande courbure dans le sens vertical, et les vaisseaux peuvent
être atteints par les projectiles, mais non plus enfilés.

175. Quand une ligne de troupes, s'avançant en colonnes serrées, arrive assez près de la position de
l'ennemi pour que les batteries placées dans l'ali-
gnement de ces masses solides puissent devenir
meurtrières, l'ordre profond de la colonne est
étendu sur une ligne de troupes plus mince ; de
même, les vaisseaux s'avançant parallèlement sur
une ligne de travers, quand ils sont parvenus assez
près de l'ennemi pour être exposés à un feu d'enfilade, peuvent se former en échelon. Dans cet ordre, ils peuvent s'avancer obliquement à l'abri d'un
feu croisé des pièces de chasse et des batteries de
côté, puis se ranger en ligne de file, à défaut de
mieux, quand ils sont à toucher l'ennemi.

Ordres de combat obliques.

146. La science militaire enseigne cette grande maxime de la tactique moderne, qui consiste à abandonner l'usage des combats en ordre parallèle, et à combiner ses mouvements de telle sorte, qu'on amène des forces supérieures sur le point d'attaque, pour y écraser l'ennemi, quelle que soit d'ailleurs la totalité de ses forces réunies.

« Le principe fondamental de toutes les combinaisons militaires consiste à opérer un effort combiné sur le point décisif. Le premier point est de prendre l'initiative des mouvements; car il est incontestable qu'une armée, en prenant l'initiative d'un mouvement, peut le cacher jusqu'à l'instant où il est en pleine exécution. (*Jomini*, tom. III, p. 345.) » Par le moyen de l'ordre d'attaque oblique, cette maxime importante peut s'appliquer avec autant de certitude dans la tactique des flottes à vapeur que dans les opérations militaires à terre.

147. L'ordre oblique, dans une flotte à vapeur, se forme en dirigeant obliquement les vaisseaux en ligne de file sur la ligne de l'ennemi; ou bien, en les maintenant sur une ligne en échelon parallèle à

celle de l'ennemi. Dans ce dernier cas, l'obliquité
des vaisseaux, sur leur ligne de relèvement, constitue en réalité un ordre oblique. Dans la tactique
militaire, l'angle d'obliquité de la formation dépend surtout de la nature du terrain ; mais, dans les
opérations maritimes, sur la surface unie des mers,
on devrait admettre, pour règle absolue, que l'o-
bliquité fût toujours de quarante-cinq degrés. C'est
l'angle le plus généralement adopté dans la tactique
militaire : un quart de conversion.

148. Pour combattre dans l'ordre oblique, les
vaisseaux doivent s'avancer sur une ligne de file,
car, s'ils s'avançaient en échelon sur une ligne de
relèvement oblique par rapport à celle de l'ennemi,
ils seraient exposés à être enfilés presque autant
que s'ils s'avançaient parallèlement sur la ligne de
travers.

149. Deux flottes à vapeur opposées, rangées en
ligne de file, peuvent se combattre dans l'ordre
oblique de deux manières : 1° l'angle d'intersection de leurs routes peut être aigu ; 2° il peut être
obtus. En termes techniques, cette dernière attaque
s'appelle attaque croisée, et les deux mouvements
ne sont que des préparations pour attaquer l'avant
de la ligne ennemie. (Voir fig. 24 et 25.)

Dans l'un ou l'autre cas, il est clair que l'une des flottes peut avoir une vitesse tellement supérieure, qu'elle dépasse l'autre en la croisant par l'avant. La flotte dépassée aura un désavantage manifeste. Les premiers vaisseaux de l'avant recevront obliquement d'abord le feu de bordée de tous les vaisseaux qui viennent à la file, et enfin le feu d'enfilade de tous ceux qui traversent la ligne. Comme ils ne sont point en mesure de tenter l'aventure de traverser eux-mêmes la ligne ennemie qui vient de les déborder, ils tâcheront, en désordre, de prendre quelque nouvelle formation.

Une flotte à vapeur devrait éviter de combattre en ordre parallèle à celui de l'ennemi ; car, ces sortes d'engagements, qui ne peuvent d'ordinaire qu'amener des avaries équivalentes, finissent trop souvent par entraîner à des batailles fâcheuses, dont il y a beaucoup d'exemples mortifiants pour les commandants qui ont trompé l'attente de leur pays. Telle fut l'affaire de Keppel, au large d'Ouessant, en 1778, et telle aurait été l'affaire du 12 avril 1782, aux Saintes, dans laquelle les flottes anglaise et française se dépassèrent l'une l'autre à contre-bord, si Rodney, s'apercevant que la ligne de l'ennemi n'était pas bien serrée, n'eût saisi le

moment favorable de la couper en la traversant
par le centre. (*V*. art. 87.)

150. Il faut observer que des vaisseaux à la file
sur une seule ligne, bien que dans un sens ils
soient en ordre de combat, forment néanmoins une
colonne longue et étroite, qui, quand elle est débordée, ressemble à une ligne de troupes en campagne qui serait débordée et tournée de la même
façon. « Une colonne profonde, attaquée par la
tête, est dans la même situation qu'une ligne attaquée à son extrémité. » (*Jomini*, t. III, p. 347.) La
flotte et l'armée seraient également mises en déroute.

151. Dans l'attaque croisée, la flotte qui traverse sur l'avant de l'autre a un avantage manifeste. L'objet tant disputé dans la tactique à
voiles consiste à s'élever au vent, sur l'avant ou
sur l'arrière de l'ennemi. Dans la tactique des
flottes à vapeur, il est clair que l'avantage de déborder l'ennemi et de l'attaquer par l'avant n'est
pas autre chose qu'une question de vitesse : de là,
l'importance manifeste d'avoir la supériorité sous
ce rapport. (Art. 95.)

152. Dans la bataille du 14 février 1797, au
large du cap Saint-Vincent, la division de la flotte

espagnole, qui s'était formée sous le vent, ayant échoué dans sa tentative de rejoindre le corps de sa flotte en traversant la ligne anglaise, les deux flottes virèrent au N.-O. Poursuivie dans cette direction par l'avant-garde anglaise, que conduisait le *Culloden*, suivi du *Blenheim* et du *Prince-Georges*, et dont la vitesse était supérieure, l'avant-garde espagnole fut dépassée et attaquée. La *Santissima-Trinidad*, le *San-Nicolas*, le *San-José*, furent les principaux trophées de la journée.

153. Une flotte, formée sur une ou plusieurs lignes de combat ordinaires, a beaucoup plus à craindre d'une attaque sur l'avant que d'une attaque sur l'arrière; car, avec une réserve de vaisseaux couvrant cette partie, l'attaque par l'arrière peut être facilement déjouée (art. 142, *fig.* 23), et l'on peut mettre l'arrière d'une flotte en désordre sans déranger toute la ligne. Au contraire, si la tête d'une colonne est dérangée, le désordre reflue sur toute la colonne. On peut attaquer l'arrière d'une flotte sur un ordre parallèle; mais, pour attaquer l'avant, il faut s'approcher dans l'ordre oblique. (Art. 149.)

Avantages de la formation en échelon pour l'attaque.

154. La formation en échelon offre au commandant d'une flotte le grand avantage de pouvoir em-
barrasser l'ennemi par des démonstrations qu'i
juge le plus propres à masquer ses intentions. On
peut exécuter avec promptitude de fausses démonstrations de nature à tromper l'ennemi sur le point
d'attaque. Si, induit en erreur par la position qu'il
a vu prendre aux vaisseaux, l'ennemi est tenté de
changer ses dispositions aussitôt qu'il a découvert
sa méprise, et qu'il essaie de la corriger, en l'attaquant vigoureusement au milieu du feu et de la
confusion qui accompagnent sa manœuvre, on le
mettra, selon toute probabilité, dans une déroute
complète.

155. Soit une flotte ennemie rangée en ordre de
combat suivant AB, *fig.* 26; supposons qu'une
flotte en échelon suivant la ligne de relèvement
CD s'avance, chaque vaisseau orienté suivant *ab*,
Pour attaquer la tête de la ligne ennemie, il sera
facile d'amener les vaisseaux rangés suivant *ab*,
dans la position *cd*, formant un angle droit avec la
première, comme si l'on se proposait d'attaquer

l'arrière de la ligne en A, en faisant un quart de
cercle, la flotte qui marche sur la ligne AB serait obligée de renverser son mouvement ; l'avant
ou l'arrière peuvent être menacés indistinctement, tandis que l'extrémité contraire sera assaillie avec la plus grande facilité, et le commandant de la flotte ennemie sera tenu dans l'incertitude sur le point d'attaque jusqu'au moment décisif.

Il est certain que l'ennemi, qui se trouve rangé
en ligne de file suivant AB, [pourrait changer son
ordre de combat pour l'ordre en échelon. En ce
cas, *cæteris paribus*, les deux flottes auraient un
ordre identique. Chaque flotte pourra prendre
l'ordre de combat ordinaire, et menacer l'autre sur
ses flancs par un mouvement rapide. Remarquons
néanmoins, quant à ce qui concerne l'ordre en
échelon, que de feintes attaques peuvent produire
des réalités très-sérieuses pour celui qui fait la
feinte, quand les flottes sont bien manœuvrées, et
que l'ennemi peut pénétrer en force entre le corps
de la flotte et la division d'attaque. En conséquence, à moins que la flotte ennemie ne forme
une ligne étendue, et qu'on ne soit en état de soutenir la division d'attaque avec le corps principal,

toute tentative pour engager de cette manière sera
extrêmement dangereuse.

156. Aussitôt qu'on aura pu s'assurer distincte-
ment de la force d'une flotte ennemie et de l'ordre
qu'elle tient sous vapeur, qu'un tacticien, ayant
une perception claire de ce qu'il a à faire, et de la
manière dont il doit le faire, prenne une initiative
vigoureuse et rapide, qu'il la poursuive sans hésitation, et l'ennemi sera forcé de ranger ses vaisseaux
dans l'ordre sous lequel il doit combattre, ou tout
au moins à manœuvrer dans le but d'éviter ou de
différer l'action. Si l'ennemi veut simplement manœuvrer, il s'en suivra une lutte d'adresse entre
les amiraux des deux flottes : celui qui est le plus
exercé dans les évolutions de la tactique et peut les
diriger avec le plus d'habileté, détruira l'effet des
manœuvres de son adversaire et l'amènera à engager l'action dans des conditions désavantageuses.

Si, au contraire, l'enemi se décide à combattre,
il sera forcé, par suite de l'attitude hardie de la
flotte d'attaque, à développer sa ligne de bataille
suivant AB, par exemple, *fig.* 8, art. 109. Quelque
ordre qu'il ait pu adopter, il sera immédiatement
attaqué, quand il est aussi étendu. La flotte supposée en doubles colonnes *l*, *n*, *p*, ferait un mou-

vement sur la droite, vers l'arrière de l'ennemi, et
une démonstration sérieuse contre cette partie. On
peut y pourvoir en faisant vapeur dans l'ordre représenté en *m*, *n*, *p*, tandis que les frégates et corvettes d'avant-garde, soutenues par la réserve, s'a-
vanceront comme si elles voulaient attaquer et doubler l'arrière B de la ligne ennemie. Cette menace
serait mise à exécution avant qu'aucun changement
dans l'ordre de marche de la flotte pût indiquer
son intention réelle; mais quand l'ennemi aura
rappelé sa réserve pour soutenir son arrière, les
divisions *l*, *n*, de la flotte assaillante, formées antérieurement en échelon sur leur vaisseau du centre,
se précipiteraient à toute vitesse, et l'une après
l'autre, en conservant leur ordre. Arrivées près de
l'ennemi, elles engageraient le combat avec son
avant-garde, après l'avoir débordée autant que possible. Cependant la division de droite *p*, soutenue
par la réserve que l'on a eu soin de rappeler aussitôt que la fausse attaque a produit l'effet proposé, viendra faire une attaque vigoureuse sur le
centre, et, y pénétrant avec des forces supérieures,
produira une mêlée telle que les vaisseaux d'arrière-garde seront réduits à l'impossibilité de rejoindre leurs chefs de file. En même temps, le

commandant de la flotte ennemie sera tout à fait
hors d'état de renverser la route de ses vaisseaux
d'avant-garde, pour les faire doubler l'attaque du
centre.

Nul doute que, pendant ces attaques, quelques
vaisseaux n'éprouvent des avaries sérieuses; mais on
peut raisonnablement espérer qu'aucun ne sera assez avarié dans son hélice, ou autre part, pour être
hors d'état d'arrêter les vaisseaux de l'arrière-garde
ennemie. Quelques-uns au moins de ceux qui ont
attaqué le centre, et qui l'ont débordé, pourront
se mettre en ligne sur la gauche après avoir atteint
leur but, et attaquer par tribord la portion de la
flotte ennemie que l'on a déjà attaquée bar babord.

Si une heureuse issue couronnait une attaque
ainsi dirigée, la moitié de la flotte ennemie pourrait être capturée ou détruite, et on enverrait à la
poursuite du reste, la partie disponible des vaisseaux ayant combattu, en même temps que la réserve des corvettes et frégates. Il est possible que le
résultat d'une bataille engagée dans les circonstances admises par l'hypothèse, ne soit pas tel qu'il
vient d'être exposé ; l'auteur n'en a pas moins décrit un mode d'action vigoureuse, en harmonie
avec les principes qui se déduisent de l'adoption de

nouvel agent de la vapeur dans la stratégie navale.

Renverser une ligne de vaisseaux à vapeur.

157. L'opération de renverser une ligne de vaisseaux à vapeur, ayant chacun de 300 à 350 pieds,
91 à 106 mètres de long, sous le feu de l'ennemi,
est une opération difficile et dangereuse, que l'on
devrait éviter autant que possible, et dans les batailles ordonnées sur un bon plan, la chose sera
rarement nécessaire. Toutefois, d'après ce qui a
été constaté, art. 91, on peut inférer que l'opération de renverser les vaisseaux d'une flotte peut
avoir une utilité accidentelle et même devenir nécessaire, par exemple, quand l'ennemi ayant débordé le centre et séparé l'avant-garde de l'arrière-
garde, l'avant-garde n'a pas d'autre moyen de secourir l'arrière-garde, qu'en renversant tous ses
vaisseaux à la fois, et en les faisant doubler à leu.
tour sur la division de la flotte ennemie qui, ayan;
pénétré le centre de la ligne, enveloppe l'arrière-
garde.

158. Chaque vaisseau à vapeur en ligne peut aisément renverser sa route individuellement; mais
on n'est pas dans l'usage, et il serait impraticable

de renverser la ligne tout entière par un mouvement de flanc, en faisant évoluer tous les vaisseaux
à la fois sur les courbes en croc qu'ils ont besoin
de décrire, pour garder sur la nouvelle ligne l'ordre qu'ils avaient auparavant ; ce serait un mouvement aussi étrange que celui qui ferait opérer un
changement de front et de flanc dans une division
d'infanterie, en tournant le dos à l'ennemi. Une
flotte de vingt vaisseaux rangés en ligne couvre un
espace d'environ deux milles, 3,703 mètres. Le
vaisseau A, du flanc droit, aurait du décrire une
courbe plus longue pour décrire la ligne A' de la
ligne renversée, tandis que le vaisseau du flanc
gauche B aurait à décrire une courbe à double cro-
chet encore plus étendue pour gagner la position B'
du nouveau flanc gauche ; tous les vaisseaux inter-
médiaires auraient à décrire des courbes très-com-
pliquées pour atteindre leurs postes respectifs dans
la nouvelle ligne. La figure 27, ci-dessous, peut
donner l'idée de ces divers mouvements.

Il existe à peine une circonstance où la nécessité
oblige à faire faire le demi-tour aux vaisseaux, à
moins que ce ne soit pour présenter l'arrière à
l'ennemi, ce qu'ils ne devraient jamais faire. Mais,
fût-il nécessaire de renverser des vaisseaux rangés

sur la ligne du travers, pour les ordonner sur une
autre ligne du travers faisant face à l'opposé, on
devrait les renverser un par un. L'opération peut
se faire en deux mouvements : tout d'abord ils seraient rangés en ligne de file au moyen d'un quart
de révolution sur tribord ou sur babord, opéré à
bord de chacun d'eux; alors, un second quart de
révolution les mettrait dans la position requise. La
nouvelle position sera sur l'arrière de la première
et dans l'ordre inverse, puisque l'aile droite sera
devenue la gauche, et réciproquement. En langage
militaire, les ailes auront clubé (*clubbed*); cette manœuvre militaire ne soulève pas d'objection quand
on a besoin de faire volte-face par un mouvement
soudain.

156. Les modes d'attaque décrits ci-dessus n'ont
pas été présentés avec l'espoir qu'on les considére-
rait comme des types d'opérations maritimes et
qu'on les appliquerait à la conduite des batailles
de mer. De pareilles règles ne sauraient se prescrire. L'auteur n'a fait qu'exposer des exemples
pour développer les principes d'une action. Les acci-
dents d'un combat par mer sont si variés, la manière de conduire les évolutions, bien que simpli-
fiée par la vapeur, est encore si complexe, que la

science doit se borner à consacrer un petit nombre
de principes généraux. Le reste doit être laissé à
l'habileté, au génie, aux ressources intellectuelles
du chef qui en fera l'application à chaque cas particulier qui peut se produire.

L'abordage.

160. On ne saurait douter qu'en déployant toutes les ressources de la vapeur dans des engagements dirigés avec énergie et résolution, il n'y ait
des mêlées où les vaisseaux pourront s'accoster accidentellement ; il y aura donc des abordages d'occasion. Il est nécessaire d'être préparé en vue de ce
genre d'opération, qui a un caractère tout à fait
militaire. Aussitôt qu'un vaisseau se trouve accosté
contre un vaisseau ennemi, il faut qu'il monte à
l'abordage sous peine d'être assailli lui-même :
aussi, devrait-il y avoir à bord des vaisseaux à vapeur des quantités de troupes plus considérables
que celles qui ont existé jusqu'ici, et elles devraient être pourvues de moyens plus perfectionnés
pour monter à l'abordage que ceux qui existaient

autrefois, tels que grimper le long des mâts ou des
bômes, le sabre aux dents. Les ponts devraient aussi
être munis d'ouvrages défensifs pour repousser
l'ennemi une fois qu'il est à bord.

161. Des échelles et autres moyens semblables
facilitent l'assaut d'un ouvrage militaire. Un pont
volant jeté entre deux vaisseaux devrait fournir le
moyen d'arriver sur le pont de l'ennemi ; chaque
vaisseau aussi devrait avoir le moyen de résister à
l'assaut quand il est abordé. Tous les ouvrages
militaires, depuis la forteresse régulière jusqu'à la
redoute de campagne, sont invariablement munis
de quelque sorte de défense intérieure, au moyen
de laquelle le succès d'un assaut peut ne pas être
suivi de l'entière soumission de l'ouvrage. On devrait placer des barricades, garnies de meurtrières,
en travers de l'extrémité des gaillards d'avant et
d'arrière, et prendre en outre d'autres dispositions
défensives pour repousser les abordeurs. A la
place où autrefois il y avait des regards horizontaux
entre les canons des ponts supérieurs, on pourrait
établir des jours verticaux pour y mettre des tireurs
Minié. A Sébastopol, le feu de la carabine Minié
atteignait les chargeurs, écouvillonneurs et autres

hommes de l'équipage des pièces,à travers les embrasures des parapets. Pour en garantir les hommes,
on eut recours à des mantelets en corde à l'épreuve
des balles. On les plaçait en travers de l'ouverture
intérieure des embrasures. D'habiles tireurs faisant feu à travers les meurtrières décrites ci-
dessus, pour les banquettes de combat des vaisseaux, atteindraient facilement les écouvillonneurs,
chargeurs et autres servants des canons à travers
les grands sabords qui sont une nécessité des vaisseaux d'aujourd'hui, afin de pouvoir pointer en
hauteur et sur les côtés. La grandeur ordinaire
d'un sabord est d'environ trois pieds carrés. Les
sabords du *Diadème* et des bâtiments de sa classe,
armés comme lui, ont quatre pieds six pouces de
large et trois pieds dix pouces de haut. D'adroits
tireurs, visant à une ouverture de cette grandeur,
à une distance de 400 à 800 yards, 366 à 730
mètres, auraient bientôt mis un équipage hors de
combat. On ne peut pas avoir de mantelet pour
couvrir les chargeurs. Aussi faudrait-il recourir à
un autre expédient pour les protéger contre un feu
aussi destructeur. L'auteur se réserve de faire connaître un procédé efficace en temps opportun.

162. C'est une opinion accréditée parmi les

officiers de la marine française, que les attaques à l'abordage seront à l'avenir fréquentes et formidables. L'amiral de la Susse, dans sa réponse à la question 260 qui lui fut posée dans l'enquête parlementaire, vol. II, p. 84, dit qu'il attache la plus grande importance à garnir les vaisseaux de fortes garnisons, afin de les rendre plus capables d'aborder l'ennemi et de résister aux abordages ; et l'amiral de la Gravière écrit : « Les abordages prémédités sont devenus très-rares aujourd'hui, parce que c'est une manœuvre toujours dangereuse à tenter; avec les navires à vapeur ils seront beaucoup plus fréquents. Une fois les navires ainsi accrochés, on pourrait s'élancer sur le pont ennemi le sabre aux dents et le pistolet au poing, ce serait une mêlée, une affaire d'arme blanche dans laquelle l'élan et le courage auraient beau jeu ; mais les deux navires, bien qu'accrochés, sont encore séparés par un intervalle de dix à douze pieds: si quelque mât sert à les réunir, c'est un pont qui offre à peine passage à deux hommes de front. » *Guerres maritimes*, *t. II, p.* 259 à 260.

163. C'est particulièrement pour recueillir les fruits de la victoire que la vapeur est un agent des

plus avantageux. De très-belles victoires n'ont pas
eu tous les résultats qui devaient en découler,
parce que les avaries des voiles et du gréement des
vaisseaux vainqueurs ne leur permettaient pas de
poursuivre l'ennemi dans sa fuite. Il n'en sera pas
ainsi avec les flottes à vapeur et surtout avec les
flottes de vaisseaux à hélice : leurs mâts peuvent
être coupés par les boulets, mais leur machine est
soustraite à leur action ; il faut seulement se garder
de laisser embrouiller l'hélice. Et si le commandant d'une flotte victorieuse ne déployait pas toutes
ses ressources pour poursuivre un premier succès,
il encourrait un blâme mérité, et le pays ne serait
pas satisfait d'une victoire stérile.

Résumé.

164. On a démontré dans le cours de cet ouvrage
que l'ordre de bataille sur une seule ligne de file,
quoique très-convenable pour échanger des bordées
entre deux flottes rapprochées à moins d'une portée
de canon, est néanmoins un ordre très-défectueux,
art. 84, 106, 125, 150. Il suffit d'une attaque

oblique de vaisseaux à vapeur pour la doubler sur l'avant ou sur l'arrière, ou bien la couper en un point quelconque de sa longueur, de telle sorte que la portion coupée puisse être capturée ou dé-truite. L'ordre en ligne de file a particulièrement à craindre une attaque conforme à la maxime de guerre : « Que les plus grandes forces possibles devraient être amenées à agir contre la partie faible de la ligne attaquée. » On a fait connaître le moyen de renforcer cette ligne avec une forte es-cadre de réserve qui pourrait paralyser l'attaque de l'ennemi ou même la faire tourner contre lui-même, art. 142. On a démontré, art. 107, qu'il y avait avantage pour une flotte de vaisseaux à vapeur à marcher sur la ligne du travers quand elle n'était pas trop rapprochée de la ligne ennemie, à cause de la facilité avec laquelle on pourrait changer la direction de l'attaque.

L'auteur a beaucoup insisté sur la disposition des vaisseaux sur deux lignes de relèvement, que l'on pourrait appeler formation en échelon, voulant montrer la supériorité de cet ordre sur tous les autres, à cause du soutien réciproque que les vais-seaux se prêtent les uns aux autres, art. 128, et parce qu'on peut changer la position des vais-

seaux sur leur ligne de relèvement comme dans la
ligne du travers, et changer la ligne elle-même :
par ce moyen, un ordre de bataille offensif peut-
être promptement converti en ordre de bataille défensif et *vice versâ.* Quand, pour avancer ou battre
en retraite, des vaisseaux sont rangés sur deux
lignes de relèvement formant entr'elles un angle
de 90° et même plus, leur situation est particulièrement avantageuse pour passer à cet ordre de
bataille (art 114, 118, 156).

165. Une flotte, divisée en deux colonnes ou
plus de cette espèce, se trouve dans un ordre
très-avantageux pour avancer contre un ennemi
en ligne de file : les divisions pourront être dirigées sur la partie de la ligne ennemie que l'on
reconnaît la plus faible, à l'avant, à l'arrière ou
au centre, et on peut conduire le mouvement de
telle sorte que le commandant de la flotte ennemie
soit dans l'hésitation sur le point de sa ligne qui
doit recevoir le choc, art. 154. On pourrait sans
difficulté former les divisions en ligne de file parallèles à l'ennemi, si on le jugeait convenable. On
pourrait aussi les former en échelons obliques, si
on voulait couper la ligne dans cet ordre ou seulement la tourner.

Des vaisseaux rangés en échelon présentent un système de défense réciproque plus complet que celui que peut offrir tout autre arrangement. Les feux des batteries avant et arrière, se croisent avec ceux des batteries de côté, dans l'intervalle des vaisseaux aussi bien qu'à une distance de quelques cents mètres sur l'avant ou l'arrière de la ligne générale, art. 128.

Avec des flottes à vapeur, on pourrait amener le principe de la défense réciproque et de flanc, au point d'y comprendre la disposition en ligne de bataille renforcée de deux ailes de vaisseaux établies obliquement aux deux extrémités de la ligne ; et même, quand la ligne est trop étendue, on pourrait former sur l'avant du centre une double ligne en échelon (art. 130).

On espère avoir rendu les différents principes de formation que l'on avait en vue suffisamment intelligibles, pour qu'un bon tacticien puisse les appliquer dans n'importe quel ordre de bataille qu'il pourra improviser, en vue de contrecarrer les mesures prises par l'ennemi, ou de tirer parti de tout faux mouvement qu'il pourrait faire.

Attaque des forteresses. Bateaux à vapeur par les bas-fonds. Victoires décisives.

166. On peut employer et on a employé en effet des remorqueurs pour amener des vaisseaux à voile dans des positions qui leur permissent d'attaquer des batteries à terre et des forteresses maritimes, avec l'avantage qu'une distance rapprochée donne à une flotte en pareil cas.

L'attaque du prince de Joinville à Tanger, en 1844, est une preuve de ce que peut faire la vapeur par traction ; mais avec un adversaire adroit, ce mode d'approche pourrait être à la fois dangereux et incertain, en raison de la difficulté de passer les remorques et de la chance de les voir couper par les boulets, sans compter le risque qu'il y a pour les remorqueurs à vapeur d'être désemparés, ainsi qu'il est arrivé au vaisseau danois le *Christian VII*. (Voir le récit de cette catastrophe par le colonel Stevens.)

Dans l'attaque par mer contre Sébastopol, en 1854, chaque vaisseau à voiles fut conduit à son poste par un remorqueur à vapeur amarré contre lui, et ce moyen est préférable à la remorque par

l'avant (1) ; mais le meilleur moyen d'utiliser la
puissance de la vapeur est évidemment de munir
chaque vaisseau d'un moteur interne.

Pendant la guerre de 1854-56 avec la Russie, le
gouvernement, reconnaissant l'importance d'avoir
une nombreuse flottille de bateaux à vapeur, susceptible de naviguer par les bas-fonds, ordonna la
construction d'un nombre considérable de bâtiments remplissant cette condition. On avait l'intention de les employer dans la Baltique et la mer
Noire, à cause de leur grande commodité pour pénétrer dans les crics, passer sur les bas-fonds,
longer le rivage que des bâtiments plus grands
n'auraient pu accoster.

Une espèce de ces navires, qu'on appelle Des-
patch-Gun-Boats, avait de 180 à 200 pieds de
long, de 28 pieds à 30 pieds de large, 11 pieds
4 pouces de tirant d'eau, portant 450 tonneaux. —
Ce sont des bateaux à hélice de la force de
160 chevaux. La grande longueur de ces bâtiments

(1) Observons en passant qu'à Tanger l'ordre avait été
donné d'accoupler les vapeurs aux vaisseaux qu'ils devaient
remorquer. C'est seulement la houle venant du détroit et qui
était très-forte ce jour-là, qui a obligé de recourir au mode
ordinaire de remorque — le remorqueur devant le remorqué.

est une cause sérieuse de faiblesse, car il est fort
difficile de les lier assez solidement vers le milieu,
et ils sont sujets à de grands efforts de torsion dans
les grosses mers. Leurs canons sont montés sur
affûts à pivots et à coulisse, l'un sur l'arrière, l'autre sur l'avant de la cheminée. A la mer on amarre
les canons au milieu du pont, dans le sens de la
quille.

On a, depuis, construit comme canonnières une
plus petite espèce de bâtiments à vapeur. Ces derniers se rapportent complètement à l'idée que l'auteur s'est faite d'une bonne canonnière à vapeur.
Voici leurs dimensions : longueur, 100 pieds ; largeur en dehors, 22 pieds ; profondeur de cale,
7 pieds 10 pouces ; tirant d'eau en charge, 6 pieds
6 pouces ; chargement, 212 tonneaux ; ils ont deux
machines de trente chevaux chacune, sont gréés en
côtre sans beaupré et sont armés d'un canon de 68.
Ils sont assez forts de côté pour pouvoir porter leur
lourd canon à tribord ou à babord pendant le
combat.

167. Il y a des difficultés sérieuses pour introduire, dans la tactique navale, les nouveaux principes résultant de l'application de la vapeur au
mouvement des vaisseaux de guerre : plusieurs

personnes les croient insurmontables ; elles le seraient, en effet, si l'on voulait commencer par exécuter les formations les plus compliquées, sans
s'être exercé à l'avance aux formations les plus élémentaires. Il faudrait donc commencer par les rendre familières aux officiers et aux matelots, en leur
faisant pratiquer d'abord la formation en échelon
sur une simple ligne de relèvement, et avançant
peu à peu jusqu'aux lignes de relèvement doubles,
aux doubles colonnes.

On les exercerait aussi à pratiquer les évolutions
requises dans certaines circonstances d'attaque ou
de défense. Il faudra de grandes études aux officiers de marine, pour approfondir les principes et
les objets divers de la stratégie à vapeur, et avec
cela il faudra laisser beaucoup au jugement individuel, quand un officier devra mettre ces principes en pratique ou diriger ceux qui doivent exécuter sous sa surveillance.

On peut considérer la disposition d'une flotte par
divisions composées de doubles colonnes en échelon, sur des lignes de relèvement (fig. 8), comme
un ordre général de marche sous vapeur, permet-
tant d'être toujours prêt à recevoir ou à attaquer
l'ennemi. Dans la tactique navale, comme dans la

tactique militaire, les formations à adopter pour
une action dépendent des diverses circonstances :
les lieux, les conditions morales du moment, le caractère national, et enfin le talent des chefs ; et
c'est avec beaucoup de raison qu'un grand tacticien a observé « que c'est une erreur funeste d'essayer de réduire chaque système de guerre à des
règles fixes, et de jeter, comme dans un moule,
toutes les circonstances de tactique qu'un général
peut avoir à former. (JOMINI, *sur la formation des
troupes,* 1815.)

168. Sur terre, un ennemi en retraite tire avantage des inégalités du terrain, profite des bois qui
peuvent le dérober aussi bien que des autres obstacles apportés à sa poursuite ; enfin, il met à profit les défenses naturelles que l'on rencontre en tout
pays. L'épuisement de l'énergie physique des hommes et des chevaux, qui ont supporté la chaleur et
le poids du jour, assigne aussi une limite à l'intensité de la poursuite ; mais le théâtre des opérations
maritimes est une plaine liquide, que la fumée qui
enveloppe le vaisseau pendant le combat peut seule
cacher à la vue ; l'œil peut apercevoir comment
une flotte en déroute opère sa retraite, en même
temps qu'il reconnaît les dommages qu'elle a es-

suyés. Aussitôt le combat fini, les marins trouvent
le repos dans leurs hamacs, et un supplément de
nourriture leur rend immédiatement leur vigueur,
tandis que leur vaisseau les conduit en avant pour
moissonner les fruits de la victoire. Il suit de là
qu'un amiral, commandant une flotte à vapeur qui
est parvenue à jeter le désordre dans une flotte
ennemie, ou qui a remporté une victoire dans le
sens tactique de l'expression, n'aura rempli que la
moitié de son devoir, s'il ne poursuit son succès
avec vigueur. Tout avantage obtenu par une flotte
à vapeur pendant un combat devrait être suivi de
grands résultats.

SUPPLÉMENT A.
Liste nominative des bâtiments à vapeur
de la marine anglaise.

		Canons.	Chevaux.
1	ABOUKIR, à hélice.	90	400
2	AGAMEMNON, id.	91	600
3	AJAX, id.	60	450
4	ALACRITY, canonnière id.	4	200
5	ALBAN, à roues.	4	100
6	ALECTO, id.	5	200
7	ALERT, à hélice	16	100
8	ALGIERS, id.	91	600
9	AMPHION, id.	34	300
10	ANSON, id.	91	«
11	ANTELOPE, en fer, à roues	3	260
12	ARCHER, à hélice.	14	204
13	ARDENT, à roues.	5	200
14	ARGUS, id.	6	300
15	ARIANE, à hélice.	32	«
16	ARIEL, id.	9	60
17	ARROGANT, id.	46	360
18	ARROW, id.	4	160
19	ASSURANCE, id.	4	200
20	AURORA, id.	50	400
21	ATLAS, id.	91	800
22	AVON, à roues.	3	60
23	BACCHANTE, à hélice	50	«
24	BANSHEE, à roues	3	350
25	BARRACONTA, id.	6	300
26	BASILISK, id.	6	400
27	BEAGLE, à hélice	4	160
28	BLENHEIM. id.	60	450
29	BLOODHOUND, en fer, à roues . . .	3	150
30	BRISCK, à hélice	14	250
31	BRUNSWICK, id	80	400
32	BULLDOG, à roues.	6	500
33	BULWARCK, à hélice.	91	«
34	BUZZARD, à roues.	6	300
35	CŒSAR, à roues.	90	400
36	CADMUS, corvette à hélice.	20	«
37	CAMÉLÉON, slop, id.	16	«
38	CANADIAN, id. id.	17	«
39	CARADOC, à roues.	2	350
40	CENTAURE, id. en fer	6	540

		canons.	chevaux.
41	CENTURION, à hélice	80	400
42	CHALLENGER, id.	20	«
43	CHARYBDIS, prêt pour la mer, id. .	21	«
44	CHESAPEAKE, à hélice.	50	400
45	CLIO, corvette id.	20	«
46	COLOSSUS, à hélice	80	400
47	COLOMBIA, à roues	6	100
48	COMET, id.	3	80
49	CONFLICT, à hélice	8	400
50	CONQUERON, id.	101	800
51	COQUETTE, canonnière à hélice. . .	4	200
52	CORDELIA, à hélice	8	«
53	CORMORANT, canonnière à hélice . .	4	200
54	CORNWALLIS, à hélice.	60	200
55	COSSACK, corvette id.	20	250
56	CRESSY, à hélice	80	400
57	CRUISER, id.	17	60
58	CUCKOO, à roues	3	100
59	CURAÇOA, à hélice	30	350
60	CURLEW, id.	9	60
61	CYCLOPS, à roues.	6	320
62	DASHER, id.	2	100
63	DAUNTLESS, à hélice.	33	580
64	DEE, à roues.	4	200
65	DEFIANCE, à hélice. prêt à lancer .	91	800
66	DESPERATE, à hélice.	8	400
67	DEVASTATOR, à roues	6	250
68	DIADÊME, à hélice.	34	800
69	DONEGAL, id.	101	800
70	DORIS, id.	32	800
71	DRAGON, à roues.	6	560
72	DRIVER, id.	6	280
73	DUNCAN. id.	101	800
74	DUC DE WELLINGTON, à roues. . .	131	700
75	EDGAR, id. . .	91	600
76	EDINBURG, id. . .	60	450
77	EMERALD, id. . .	50	600
78	ENCOUNTER, id. . .	14	360
79	EURYALUS, id. . .	51	400
80	ESK, corvette à hélice	21	250
81	EXMOUTH, à hélice	91	400
82	FALCON.	17	100
83	FAWN	16	100
84	FIREBRAND, à roues.	6	410
85	FIREFLY, id.	4	420
86	FLYINGFISH, canonnière à hélice. .	6	350
87	FORTE, à hélice	50	400

		canons.	chevaux.
88	Forth, à hélice	12	200
89	Fox, transport à hélice.	12	200
90	Furious, à roues	16	400
91	Fury, id.	6	515
92	Galatea, à hélice	26	»
93	Geyser, à roues	6	280
94	Gibraltar, à hélice, ...	101	800
95	Gladiator, à roues.	6	430
96	Goliath, à hélice.	80	400
97	Gorgon, à roues	6	320
98	Greyhound, à hélice	17	
99	Hannibal, id.	91	450
100	Harpy, à roues, en fer.	1	200
101	Harrier, à hélice.	17	100
102	Hastings, id.	60	450
103	Hanke, id.	60	200
104	Hécate, à roues	6	240
105	Hecla, id.	6	240
106	Hermès, id.	6	220
107	Hero, à hélice.	91	600
108	Highflyer, corvette à hélice . . .	21	250
109	Hogue, à hélice	60	450
110	Hood, id.	91	600
111	Horatio, id.	12	1250
112	Hornet, id.	17	100
113	Howe, id. prêt à lancer. . .	121	1000
114	Hydra, à roues.	6	120
115	Icarus, à hélice	11	60
116	Immortalité, id.	50	»
117	Impérieuse, id	51	360
118	Industry, en fer	»	»
119	Inflexible, à roues.	6	370
120	Irrésistible, à hélice.	80	400
121	Jackall, à roues	4	150
122	James-Watt, à hélice.	91	600
123	Jason, id.	21	»
124	Kite, à roues.	3	170
125	Léopard, id.	18	300
126	Lifly, à hélice.	50	600
127	Lightning, à roues.	3	100
128	Lion, à hélice	80	400
129	Lizard, à roues, en fer	1	150
130	Locust, à roues	3	100
131	Lucifer, id.	2	180
132	Lynx, id.	4	160
133	Lyra, à hélice.	8	60
134	Magicienne, à roues	16	400

		canons.	chevaux.
135	Majestic, à hélice.	80	400
136	Malacca. id.	17	200
137	Malboroug, id.	131	800
138	Mars, id.	80	400
139	Meanee, id.	80	400
140	Medeah, à roues	6	350
141	Medina, id.	4	312
142	Megœra, à hélice, en fer	6	350
143	Merlin, à roues	6	312
144	Miranda, à hélice, ...	14	250
145	Muline, id.	17	100
146	Myrmidon, à roues	3	156
147	Neptune, à hélice, vaisseau coupé.	90	«
148	Niger, id.	14	400
149	Nile, id.	91	560
150	Oberon, à roues, en fer	3	260
151	Odin, id.	16	560
152	Orion, à hélice	91	600
153	Orpheus, id.	22	«
154	Otter, à roues	3	120
155	Pearle, corvette à hélice.	20	400
156	Pelican, à hélice	16	100
157	Pelorus, corvette à hélice. . . .	20	«
158	Pembroke, à hélice	60	200
159	Penelope, à roues.	16	650
160	Perseverance, à hélice, en fer. . .	2	350
161	Phœnix, id. . . .	6	260
162	Pimy, à roues.	3	100
163	Plumper, à hélice , ...	9	60
164	Pluto, à roues	4	100
165	Porcupine, id.	3	142
166	Prince-de-Galles, à hélice : . . .	131	800
167	Princesse-Royale id.	91	400
168	Prometheus, à roues	5	200
169	Pylade, corvette à hélice	20	350
170	Queen, à hélice, vaisseau coupé . .	90	«
171	Racoon, corvette à hélice	22	400
172	Rattler, à hélice.	11	200
173	Renard, id.	4	200
174	Renown, id.	91	800
175	Retribution, à roues.	28	400
176	Revenge, à hélice.	91	800
177	Rhadamantus, à roues.	4	200
178	Rosamond, id	6	280
179	Royal-Albert, à hélice	121	500
180	Royal-Frederick, id.	116	»
181	Royal-George, à hélice , ...	102	400

		canons.	chevaux.
182	ROYAL-SOUVERAIN, à hélice.	131	800
183	RUSSEL, id. . , . .	60	200
184	SAINT-JEAN-D'ACRE, id.	101	600
185	SALAMANDRE, à roues	6	220
186	SAMPSON id.	6	467
187	SAN-FIORENZO, à hélice	50	id.
188	SANS-PAREIL, id.	70	400
189	SATELLITE, corvette à hélice	20	400
190	SCOURGE, à roues	6	420
191	SCOUT, corvette à hélice.	20	400
192	SCYLLA, id.	20	400
193	SEAHORSE, à hélice.	12	200
194	SHANNON, id.	51	600
195	SHEARWATER, à roues	8	160
196	SIDON, id.	22	560
197	SIMOON, à hélice.	8	350
198	SNAKE, à hélice, en fer.	4	160
199	SPARROWHAWKE, id.	4	200
200	SPHYNX, à roues.	6	500
201	SPITEFUL, id . . . . . , . . .	5	140
202	STROMBOLI, troop-shis à roues . . .	6	280
203	STYX, à roues.	6	280
204	SWALLOW, à hélice	9	60
205	TARTAR, corvette à hélice.	20	250
206	TARTARUS, à roues.	21	800
207	TOPAZE, à hélice	50	id.
208	TORCHE, à roues, en fer	»	150
209	TERMAGANT, à hélice	24	310
210	TERRIBLE, à roues.	21	800
211	SPITEFUL, id.	5	140
212	TRIBUNE, à hélice . . . , ...	31	300
213	TRIDENT, à roues, en fer.	6	360
214	TRITON, id. id.	3	250
215	TRAFALGAR, transformé	91	«
216	VALOROUS à roues	16	400
217	VESUVIUS, id.	6	280
218	VICTOR-EMMANUEL, à hélice	91	600
219	VICTORIA, id.	121	1000
220	VICTORIA-AND-ALBERT, à roues. . .	2	600
221	VIPER, à hélice	4	160
222	VIRGO, à roues	6	300
223	VIVID, id.	2	160
224	VIXEN, id.	6	280
225	VOLCANO, id.	3	140
226	VULCAIN, à hélice	6	350
227	VULTUR, à roues.	6	470
228	WASP, à hélice	14	100

		canons.	chevaux.
229	Windsor-Castle, id.	101	100
230	Wrangler, id.	4	160
231	Zealous, id.	91	»
232	Zephir, ...	3	100

Outre ces 232 steamers, la marine anglaise possédait, au mois d'août 1858, 186 canonnières de 20 à 60 chevaux, et de plus 40 annexes, magasins, remorqueurs, blokships. Le *Renown* est le meilleur steamer à hélice et devrait servir de modèle pour ceux que l'on construira à l'avenir.

B

Marines de diverses puissances de l'Europe conti-nentale et des États-Unis.

Marine française. — La France possédait, en 1850, quand la commission d'enquête a commencé ses travaux :

Bâtiments à flot : 27 vaisseaux de ligne, 30 fré-gates, 31 corvettes, 46 brigs, 6 brigs canonnières, 33 bâtiments légers, 37 transports à voiles, 20 bâ-timents de guerre à vapeur de 450 à 650 chevaux, 27 bâtiments de guerre à vapeur de 220 à 400 che-vaux, 60 bâtiments de guerre à vapeur de 200 che-vaux et au-dessous.

Bâtiments en chantier : 20 vaisseaux de ligne, 18 frégates, 3 corvettes.

Voici le nom et le rang des vingt-sept vaisseaux de ligne à flot :

Vaisseaux de 1er rang : *Océan, Montebello*, avec une machine auxiliaire à hélice de 150 chevaux, *Souverain, Friedland*, Valmy*, Ville-de-Paris**.

Vaisseaux de 2° rang : *Hercule*, Jemmapes*, Tage*, Henri IV**.

Vaisseaux de 3° rang : *Iéna, Suffren*, Inflexible*, Bayard*, Duguesclin*, Breslaw*, Charlemagne*, avec une machine auxiliaire de 450 chevaux, *Diadème, Neptune, Napoléon*, steamer, avec une machine de 960 chevaux, *Jupiter*.

Vaisseaux de 4° rang : *Marengo, Trident, Ville-de-Marseille, Alger, Duperré, Généreux*.

Il y avait sur les chantiers :

Vaisseau de 1er rang : *Louis XIV*.

Vaisseaux de 2° rang : *Fleurus, Ulm, Duguay-Trouin, Annibal, Turenne, Navarin, Austerlitz*, steamer, *Wagram, Eylau*.

Vaisseaux de 3° rang : *Donawerth, Fontenoy, Tilsitt, Masséna, Castiglione, Duquesne, Tourville, Saint-Louis, Alexandre, Jean-Bart*, steamer.

Dix-huit vaisseaux à voiles ont dû être convertis

en vaisseaux à vapeur; les douze anciens vaisseaux
marqués d'une astérique ont dû être allongés et
convertis en steamers à hélice de 400 à 450 chevaux. Il y aura donc, quand la transformation sera
opérée, trente-deux steamers à vapeur. Depuis cette
époque, on a construit douze nouveaux vaisseaux
à vapeur, dont l'un, la *Ville-de-Nantes*, lancé à
Cherbourg en ouvrant le nouveau bassin, pendant
le mois d'août 1858. On le dit pareil au trois-ponts
la *Bretagne*, de 130 canons et 1,200 chevaux. Il
n'est pas douteux qu'en continuant leurs constructions, les Français n'aient, en 1861, cinquante
vaisseaux de ligne à vapeur, comme le demandait
M. l'amiral Charner, membre de la commission
d'enquête en 1851. Les nouveaux vaisseaux sont
construits sur le type *Napoléon*, et doivent avoir
des machines égales en force de chevaux.

État de la marine française en mai 1858.

	à flot.			en construction.			EN TOUT
	à vapeur	à voiles.	TOTAL	à vapeur	à voiles.	TOTAL	
Vaisseaux de ligne . . .	30	13	43	7	»	7	50
Frégates	37	28	65	2	11	13	78
Corvettes	18	11	29	3	3	6	35
Brigs	»	23	23	»	2	2	25
Avisos.	83	»	83	10	»	10	93
Batteries flottantes. . .	5	»	5	»	»	»	5
Canonnières	28	»	28	»	»	»	28
Bombardes.	»	3	3	»	»	»	3
Petits bâtiments	»	31	31	»	»	»	31
Transports à hélice, . .	20	»	20	6	»	6	26
Transports.	»	26	26	»	»	»	26
	221	135	356	28	16	44	400

Il peut être intéressant de savoir que la commission d'enquête de 1851 a constaté qu'il y avait en
magasin, dans les cinq ports de Cherbourg, Brest,
Lorient, Rochefort et Toulon, 207,673 stères de
bois de chêne pour la construction des vaisseaux,
soit 7,334,387 pieds cubes; 28,831 stères de bois
de sapin, 1,018,224 pieds cubes. La consommation
du bois de chêne pour la construction des vaisseaux
s'élevait en moyenne à 1,265,549 pieds cubes par
an, soit environ 35,834 stères.

MARINE RUSSE. — Pendant la guerre de 1829 avec

la Turquie, la marine russe se composait de cinq divisions, comprenant chacune neuf vaisseaux de ligne, six frégates, huit corvettes et brigs et huit steamers. Depuis, chaque division a été portée au chiffre de douze vaisseaux. Au commencement de la dernière guerre, l'établissement naval de la Russie était de 60 vaisseaux de ligne de 70 à 120 canons, 37 frégates de 40 à 60 canons, 70 corvettes et brigs, 40 steamers et 200 canonnières. Les Russes ont, pour armer leurs vaisseaux, le système des équipages de ligne comme en France. (Voir l'art. 5 de l'*Artillerie navale*, 4° édition.) Les trois cinquièmes de cette force navale étaient stationnés dans la Baltique et les deux cinquièmes dans la mer Noire. Ces dernières divisions ayant été détruites, et un traité ayant obligé les Russes à ne pas rétablir l'arsenal de Sébastopol, ce pays emploie toutes ses ressources à développer sa flotte de la Baltique, qui, dans le cours de 1859, a dû être portée à 40 vaisseaux de ligne, tous les vaisseaux à voiles ayant été convertis en steamers.

MARINE AUTRICHIENNE. — La marine autrichienne se compose de deux vaisseaux de ligne, six frégates

portant 215 canons ; cinq corvettes, 92 canons ;
sept brigs, 112 canons ; six shooners, 58 canons ;
deux prames, 20 canons ; une canonnière, 10 canons ; trente-quatre pinasses, 102 canons ; dix-huit
sloops, 60 canons ; cinq longs shooners, 12 canons ;
11 steamers, 64 canons ; cinq trabacolis.

MARINE HOLLANDAISE. — La marine néerlandaise
se composait, en 1850, de 2 vaisseaux de 84 canons, 5 de 74, 3 de 60, 1 de 54.

8 frégates de 44, 2 de 38.

2 bâtiments de 28 canons, 4 de 26, 4 de 22,
2 de 20, 10 de 18, 9 de 14, 3 de 15, 10 de 12,
1 de 8, 11 de 6, 5 et 4.

Elle possédait en outre 18 steamers de 7 canons,
1 de 8, 2 de 4 ; six vaisseaux à voiles et trois steamers de guerre étaient sur les chantiers. Cette marine était maintenue dans un très-bon état sous
l'administration de l'amiral Gobins, officier excellent et expérimenté.

MARINE DANOISE. La marine danoise comprenait,
en 1853 :

5 vaisseaux de ligne de 66 à 84 canons.

7 frégates de 44 à 60.

3 corvettes de 20 à 28.

4 brigs de 12 à 16.

1 barque de 12 canons.

3 shooners de 1 à 3 canons.

1 cutter avec 6 fauconneaux.

38 canonnières de 1 à 2 canons.

En fait de bâtiments à vapeur, elle possédait les navires ci-après :

Thor, 12 canons de 30, 260 chevaux.

Holger-Danske, 1 canon de 60, 6 de 30, 260 chevaux.

Heckla, 1 canon de 60, 6 de 24, 200 chevaux.

Geiser, 2 canons de 60, 6 de 18, 160 chevaux.

Skirner, 2 canons de 24, 120 chevaux.

OEgir, 2 canons de 18, 80 chevaux.

Il y avait sur les chantiers une frégate à vapeur de 44 canons de 30, et 300 chevaux ; une corvette de 16.

MARINE SUÉDOISE. — La marine suédoise comprenait, en 1852 :

10 vaisseaux de ligne,

6 frégates,

4 corvettes (a),

1 brig,

8 shooners,

214 canonnières,

7 bombardes,

21 avisos.

Il y avait, en outre, dix bâtiments à vapeur. Sur les dix vaisseaux de ligne, 2 passent pour être dans de mauvaises conditions, et parmi ceux qui restent, six devaient recevoir des propulseurs à hélice.

MARINE NORWÉGIENNE. — Les forces navales de la Norwège se composent de 3 frégates, 4 corvettes, 1 brig.

3 shooners portant du 68, 2 du 24.

80 bateaux canonnières, armés de 2 pièces de 68.

40 péniches   —   —   2   —   24.

Il y a en outre 1 corvette à vapeur.

(a) La Naijaden de 18 canons, école de canonnage de la marine suédoise est en réparation dans les docks de Chatam, après avoir éprouvé des avaries considérables dans un échouage sur les sables du Galoper pendant un voyage de Christiansand aux Indes Occidentales.

Marine des États-Unis, d'après le rapport du Sécrétaire de la Marine en 1856.

1	Wabash, frégate à vapeur.		20	James Town, corvette.
2	Mezrimac, id.		21	Saint-Louis, id.
3	Niagara, id.		22	Dale, id.
4	Susquehanna, id.		23	Levant, id.
5	Minnesota, id.		24	Portsmouth, id.
6	Saranac, id.		25	Powhattan, frégate à vapeur
7	San Jacinto,		26	Macedonian, corv. de guerre
8	Savannah.		27	Vandalia, id.
9	Resolute.		28	Indépendance, frégate.
10	Fulton.		29	John Adams, corvette.
11	Saint-Lawrence.		30	Saint-Mary, id.
12	Saratoga, sloop de guerre.		31	Decator, id.
13	Cyane.		32	Massachussetts, steamer.
14	Germantown.		33	John Hancock, id.
15	Falmouth.		34	Dolphin, brig.
16	Bainbridge.		35	Fennimore Cooper.
17	Water-Witch.		36	Arctic, steamer.
18	Congress, frégate.		37	Plymouth, corv. de guerre.
19	Constellation, corvette.		38	Vincennes.

Cinq nouvelles frégates sont armées avec des canons obusiers de 8, 9, 10 et 11 pouces; 20 c. 42, 22 c. 86, 25 c. 4, 27 c. 94. Les canons obusiers de 8 pouces, 20 c., sont sur les gaillards, et ceux de 9 pouces, 22 c. 86, dans la batterie. Les frégates ont, en outre, un canon à boulet plein de 68 à l'avant et à l'arrière. Les canons obusiers de 10 pouces, 25 c. 4, fabriqués sur le modèle des canons obusiers anglais de même calibre, ont été supprimés dans la marine des États-Unis, comme ayant trop peu de portée et d'efficacité. (DAHLGREN, *Obus et*

canons obusiers, pp. 35, 255.) Cependant le *Dia-*
dème et autres frégates de cette classe construites
pour lutter à forces égales avec le *Niagara, Mezri-*
mac, etc., des États-Unis, ont été armés presque en
totalité de ces canons obusiers si défectueux, qu'il
a fallu les proscrire du service britannique, comme
ne pouvant soutenir la comparaison avec les canons
à pivot à boulet plein de 68, art. 266, p. 255 de
l'*Artillerie navale,* et que le service naval des
États-Unis a abolis. Il est indubitable que ces canons de 10 pouces, tout à fait défectueux, devraient disparaître pour faire place à des canons
de 68. Il y a d'amples espaces sur les ponts pour
les placer, et on a l'autorité du capitaine Dahlgren,
tout aussi bien que celle du brave capitaine du
Diadème, pour affirmer que le canon à boulet
plein de 68, 95 cm., se manœuvre tout aussi com-
modément que le 32. On peut même ajouter qu'il
a une portée plus longue que l'obusier de 10 pouces, qui ne peut tirer à boulet plein.

Le *Niagara* porte deux canons de 11 pouces,
27 cent. 94, pouvant lancer des obus de 135 livres,
61 kil. 155. Tous les canons obusiers peuvent tirer
à boulet plein : mais dans la marine des États-Unis
on a renoncé aux boulets creux, (*Dahlgren*, p, 21.)

On préfère les obus à cause des effets destructeurs qu'ils peuvent produire quand ils font explosion dans un navire ennemi.

On a recommandé au gouvernement des États-Unis de faire construire un nombre de sloops de guerre munis chacun de deux canons de 12 et de 24 en bronze. On espère que ces bâtiments, à cause de leur faible tirant d'eau, pourront rendre de bons services pour défendre les côtes et pénétrer dans les ports de l'ennemi.

C.

Projet d'un nouveau code de tactique navale.

On devrait nommer une commission composée des officiers de marine les plus instruits et les plus expérimentés, à laquelle on adjoindrait quelques officiers d'artillerie et du génie, et versés dans la science de la tactique, aussi bien que dans l'art de l'attaque et de la défense militaires, pour choisir les ordres et les formations les mieux appropriées aux flottes exclusivement composées de steamers, et décider les évolutions à faire avant et après un engagement à la mer. Une mesure de cette espèce aurait une importance souveraine et serait d'une

nécessité absolue, puisque la vapeur et le vent ne
peuvent être employés ensemble, ainsi que l'a constaté, art. 40, 97, 102, 112, 113, sans annuler
leurs avantages réciproques, particulièrement
quand il faut franchir les limites imposées par le
vent à la direction du vaisseau, et profiter de la
vapeur pour faire les manœuvres praticables aujourd'hui dans la stratégie maritime.

Aussitôt que l'ennemi est en vue, toutes les
voiles seront serrées et les règles de la tactique à
voiles mises de côté. Il faut en préparer d'autres
d'un caractère tout différent. Il faut même
dresser un vocabulaire de termes en harmonie
avec la nouvelle stratégie, et les substituer
aux termes techniques des anciens mouvements
dans la manœuvre sous voiles. Les anciennes expressions n'ont pas d'emploi dans la tactique à
vapeur et devront tomber en désuétude : dans un
vaisseau à vapeur, il n'y a pas d'amure à tribord ou
à bâbord; les termes plus simples de droite et de
gauche doivent suffire. Il n'y a pas à venir du loff
ou à laisser porter, et l'on peut exprimer dans
toute sa rigueur mathématique l'ordre de suivre
une direction donnée. On peut en dire autant de
plusieurs phrases de marine, qu'on devrait re-

garder comme surannées, pour en employer
d'autres plus en harmonie avec le langage ordinaire. Les circonstances qui se présentent pour une
armée en campagne se reproduisent dans la stratégie maritime ; par conséquent, il y aurait avantage à introduire les expressions militaires dans la
science nautique : ce qui éviterait l'inconvénient
de désigner par des mots différents des actions
identiques.

Il semble aussi à l'auteur qu'une commission
des officiers les plus instruits et les plus expérimentés de l'artillerie royale et de l'artillerie royale
de marine, devrait être appelée à réviser les règle-
ments actuels de l'armement des vaisseaux à vapeur anglais, afin de les mieux adapter à leur déplacement aussi bien qu'à la condition de défense
réciproque qui est le principe essentiel de la nouvelle tactique. Il faut que l'artillerie des différents
vaisseaux soit combinée de telle sorte que l'ensemble de la flotte ait la plus grande force militaire
possible, et que chaque vaisseau puisse prêter et
recevoir individuellement cet appui réciproque qui
constitue la force d'un système défensif, au lieu
d'agir uniquement pour son propre compte comme
dans le temps passé.

Quand le code spécial des évolutions à vapeur
sera rédigé, il serait à propos de faire un nouveau
code de signaux pour les mettre en pratique. Les
pavillons qui existent aujourd'hui sont suffisants
pour l'objet en question, mais il faudrait les combiner d'une manière différente. Les calmes sont les
temps les plus convenables pour les engagements
sous vapeur. Or, en calme, les pavillons se ramas-
sent et tombent en pantenne le long de leur drisse,
ce qui rendrait leurs signaux inutiles. Quand la
brise les fait flotter, on ne peut les distinguer, pour
peu qu'on soit dans le lit du vent. Il serait donc à
propos que chaque pavillon de signaux eût deux
petites vergues attachées, l'une au dessus, l'autre
en dessous, pour pouvoir être mis en évidence ; on
a eu recours à ce procédé dans les dernières
guerres, mais aujourd'hui on devrait l'adopter invariablement sur tous les bâtiments. Les pavillons
seraient attachés sur leurs drisses, dans l'ordre
prescrit par le livre des signaux, hissés à la partie
du gréement la plus évidente, et placés en travers
de l'axe visuel de ceux à qui ils s'adressent.

RÉSUMÉ ANALYTIQUE DES PRINCIPALES PROPOSITIONS CONTE-
NUES DANS LES CENT SOIXANTE-HUIT ARTICLES QUI COM-
POSENT LA STRATÉGIE MARITIME A VAPEUR DU GÉNÉRAL
SIR HOWARD DOUGLAS.

PREMIÈRE SECTION.

La vapeur appliquée aux bâtiments de guerre.

1. La machine à vapeur atmosphérique, servant aux épuisements des mines, a été l'origine des machines actuelles.

2. Les premiers perfectionnements de Watt en 1769.

3. Il faut ranger au nombre des fables, les inventions du capitaine espagnol Garay en 1543. Les Français et les Américains ont fait des essais malheureux en 1776 et 1783. Millar de Dalswinton, en Écosse, a mis des roues à aubes en mouvement par des procédés mécaniques. Taylor a imaginé d'employer la vapeur à les faire tourner. Symington a construit deux bâtiments à vapeur à roues en 1802.

4. Le *Clermont*, steamer à roues, a été construit par Fulton en Amérique en 1807, après des tentatives infructueuses sur la Seine en 1803, et avoir vu les travaux de Symington.

5. On a employé des bâtiments à vapeur sur la Tamise en 1815.

6. Stevens jeune, de New-York, a mis en mer le premier bateau à vapeur à hélice en 1804. Le *Savannah*, à roues, a le premier traversé l'Atlantique en 1819. Le *Drives*, de S. M. B., a le premier fait le tour du monde de 1842 à 1845.

7. Le capitaine Stockton, de la marine des États-Unis, a fait construire un steamboat à hélice en fer sur les plans d'Erecsson. Le capitaine suédois Erecsson a produit son hélice à tambour en 1836 en Angleterre; Bramah avait obtenu un brevet pour populseur immergé basé sur le principe des ailes d'un moulin à vent, en 1805.

8 et 9. Démonstration du principe de la détente.

10. Limites de la détente. MM. Seawards et Capel proposent d'intercepter la vapeur à la moitié ou aux trois cinquièmes de la course dans les machines à haute pression.

11. Les machines à vapeur d'aujourd'hui sont vingt à cinquante fois plus puissantes que celle des premiers temps.

12-13 et 14. Mécanisme du mouvement des roues à aubes, leur mode de populsion. Efforts produits lors de l'immersion et de l'émersion des aubes. 15. L'immersion de l'aube verticale devrait être égale à sa largeur. 16. Le diamètre des roues à aubes ne devrait pas excéder quatre fois et demie la course du piston. 17. Chaque aube devrait avoir le tiers du diamètre des roues en longueur. 18. Les roues des bâtiments de mer ont besoin d'être plus profondément immergées que celles des bateaux de rivière. 19. Autres données relatives aux dimensions des aubes.

20 et 21. Résistance des fluides ; maximum d'effet des roues à aubes, la plus grande résistance a lieu quand l'aile fait un angle de 18° avec la verticale. 22 et 23. — Position des aubes pendant la marche. Courbe cycloïdale qu'elles décrivent pendant le mouvement du navire. Calcul du rayon du cercle roulant ; centre de pression des aubes.

24. Forme et génération de l'hélice : définition du pas. 25. Mode d'action de l'hélice. 26. Les deux causes du recul de l'hélice. — Expériences de huit bâtiments à vapeur faisant connaître la perte de vitesse due au recul pour les roues. 27. La première hélice se composait d'un tour entier de surface hélicoïdale. 28. Incertitude des formules destinées à faire connaître les conditions de la meilleure hélice. 29. Inutilité d'avoir des hélices

faisant plus d'un tour. 30. Démonstration fournie
par M. Lloyd, ingénieur en chef de la marine anglaise, pour prouver que la réaction de l'eau sur les
ailes diminue progressivement de l'arête antérieure
à l'arête postérieure. 31. Dans les grandes vitesses,
une aile développant un tiers ou même un quart
de tour suffit pour utiliser toute la force motrice
de la machine. 32. C'est une erreur de penser que
l'eau arrive librement sur les ailes d'une hélice :
par suite de l'obliquité des filets d'eau arrivant sur
les ailes et des obstacles continuels qui s'opposent
à leur fuite, il est arrivé que le recul a été parfois
trouvé négatif.

Les meilleures formes d'hélice. 33. On a trouvé
que le mieux était de diviser l'aile de l'hélice en
deux branches opposées, faisant en tout un demi-
pas environ. Le pas peut être progressif du noyau
à la circonférence comme dans l'hélice Atherton ,
ou du bord antérieur au bord postérieur comme
dans l'hélice Woodcroft. 34. Démonstration du
mode de propulsion de l'hélice. 35. Inconvénient
des roues à aubes : la vague négative. 36. Aubes en
éventail. M. Galloway invente les aubes mobiles en
1829. 37. Les aubes mobiles sont particulièrement
avantageuses pour les packets qui ont à faire de

courtes traversées , exemple : Le *Victoria and
Albert* de S. M. la reine d'Angleterre. 38. Le mouvement de l'hélice ébranle sans cesse l'arrière des
navires et le délie : c'est un grand inconvénient.
39. Les efforts contraires des filets d'eau qui viennent frapper les ailes et le remoux du vaisseau
diminuent l'efficacité de l'hélice.

40. La force de la vapeur ne peut être combinée avec celle du vent dans les bâtiments à roues,
expériences du *Reynard* et du *Plumper*. Les steamers à hélice font voile ou vapeur à volonté.

41. Les aubes mobiles sont plus exposées aux
boulets que les aubes ordinaires ; elles sont moins
propres aux usages de la guerre. 42. La marine
militaire emploie les aubes divisées en trois selon
le brevet d'invention de M. Field, 1833.

43. Description et usage de l'indicateur. 44 On
devrait toujours prendre des courbes sur le fond
aussi bien que sur le couvercle du cylindre. 45.
On peut aussi employer l'indicateur à explorer
d'autres parties obscures d'une machine. M. Main
a fait un éloge de l'indicateur. Calcul de la force
du *Wladimir* armé dans la Tamise en 1848 par
le gouvernement russe. Formule empirique de

M. Roughton pour avoir immédiatement la vitesse en mille des steamers à roues.

46-47. Description du dynamomètre. — Son usage, comparaison de ses résultats avec ceux de l'indicateur. Quelques résultats d'expérience relatives à la puissance de machines. 48. Proposition de M. Athérton pour remplacer le cheval nominal usité actuellement par un cheval-vapeur, dont la force serait représentée par un poids de 132,000 livres, animé d'une vitesse d'un pied par minute, équivalente à quatre chevaux quatre dixièmes de cheval-vapeur ordinaire. 49. Le capitaine Ryder. *Traité de l'économie du combustibe*, donne les meilleures raisons pour renoncer au cheval-vapeur.

50. Comparaisons entre l'hélice et les roues à aubes. Expériences de l'*Archimède* et du *Widgeon* en 1840. De Calais à Douvre, 19 milles marins. L'*Archimède* à hélice, et le *Widgeon* à roues, n'étant pas des bâtiments de même force, on construit le *Rattler* et l'*Alecto*. 51. Ces deux bâtiments tout à fait semblables, le premier à hélice, le 2e à roues, de 220 chevaux et 800 tonneaux, font des expériences dans la mer du Nord en 1845. Avantages du *Rattler*. 52. La difficulté d'avoir de la vapeur et l'émersion de l'hélice dans les tangages, n'em-

pêchent pas le *Rattler* d'avoir une grande supériorité sur son concurrent, et surtout de gouverner beaucoup mieux. 53. Le *Rattler* joûte avec le *Prometheus* à roues de même force que lui et obtient l'avantage dans une course d'un mille le long de Long-Reach. 54. Expériences du *Basilic* à roues et du *Niger* à hélice, tous deux de 400 chevaux et 1,000 tonneaux (dans le canal en 1849). Le lieutenant, aujourd'hui capitaine Douglas, fils de l'auteur, était embarqué sur le *Niger*. A la voile et avec du vent, le *Niger* bat le *Basilic*. 55. Tableau donnant la vitesse des deux bâtiments se remorquant tour à tour et leur consommation de charbon par jour. 56. Le *Basilic* et le *Niger* sont amarrés poupe contre poupe et marchent à toute vapeur. 57. Expériences intéressantes du petit bateau à vapeur le *Bee*, muni d'une hélice à l'avant, et de roues à aubes à l'arrière. 58. Il serait à propos de faire encore des expériences entre des navires entièrement semblables, à roues et à hélice. Les steamers à roues seront toujours avantageux pour le commerce et le service de packets. Convenablement armés, ils sont même très-utiles pour les usages de la guerre.

59. Supériorité de l'hélice pour la marine mili-

taire. Elle n'est point exposée aux boulets comme
les roues ; mais les boulets qui atteindraient le
bouclier de l'arrière d'un vaisseau à hélice, pourraient y susciter des avaries dangereuses. 60. Les
puits ont été imaginés pour ne pas être obligé de
faire entrer les vaisseaux à hélice au bassin, quand
leur hélice est avariée. On a été obligé de substituer
le joug à la barre ordinaire. 61. Hélice à ailes mobiles, construite par MM. Maudslay et Field pour le
vaisseau le *Marlborough*. 62. Les formes des bâtiments à hélice sont plus avantageuses pour le combat et la navigation que celles des navires à roues.
63. Les courroies et les roues d'engrenage remplacées par les cylindres oscillants conjugués directement avec l'arbre de l'hélice. 64. Désavantages de
la connexion directe. Limites de la vitesse du piston déterminée par la vitesse d'épuisement de la
pompe à air.

65. Facilité à gouverner des navires à hélice.
Recul négatif trouvé à bord du *Plumper*. 66. Les
expériences du *Dauntless* ont démontré l'avantage
de supprimer le remoux sur l'arrière des bâtiments
à hélice.

67. Economie du combustible : La consommation du combustible est proportionnelle au cube de

la vitesse, d'où l'avantage des vitesses modérées.;
au-dessous de trois milles, l'hélice ne tourne pas.
68. Les roues à aubes consomment moins de vapeur que les hélices pour parcourir le même espace. 69. Il faut moins de combustible, pour
augmenter la vitesse d'une certaine quantité, à bord
d'un navire à hélice qu'à bord d'un navire à roues.
70. La détente économise le combustible, elle est
particulièrement avantageuse à bord des navires à
hélice. 71. Résultat des expériences du *Beé* à roues
et à hélice. Le *Rattler* et l'*Alecto*, sous le rapport
de la consommation du combustible. 72. La détente met en mesure de régler la vitesse sur le temps
que l'on veut mettre à parcourir un espace donné.

73. La trépidation de l'hélice est due au choc de
l'eau sur les ailes. Elle a occasionné des avaries
compromettantes sur plusieurs vaisseaux et autres
bâtiments. Il serait avantageux d'arrondir les
bords antérieurs des ailes pour leur permettre d'a-
gir sans choc et d'une manière continue. En affi-
lant les bords, on ferait en même temps de l'hélice
une grande scie circulaire divisant les épaves,
cordages, et autres corps flottants. Une légère diminution dans la largeur d'une aile ne diminue
pas sensiblement l'efficacité d'une hélice. Le tan-

gage est parfois dangereux pour les grands bâtiments qui s'obstineraient à marcher debout au
vent et à la lame avec des hélices pesant de huit à
douze tonneaux, par grosse mer.

74. Hélices embrouillées. — Danger d'embrouiller son hélice dans les mouillages fréquentés. 75.
Presque tous les bâtiments à hélice entrant dans le
bassin, ont leur populseur quelque peu enchevêtré.
76. La crainte de voir leur hélice embrouillée dans
un combat, obligerait les vaisseaux à hélice, à garder dans les hauts, leurs voiles de bonnette de perroquet et cacatoi. C'est un inconvénient. 77. L'auteur propose un coupe-corde destiné à remédier
aux inconvénients d'une hélice embrouillée. 78. Il
y aurait avantage à avoir des plongeurs spéciaux
et des coupe-cordes sur les vaisseaux à hélice.
79. Considérations sur les barres du gouvernail :
réduction des puits à leur minimum de dimension.

DEUXIÈME SECTION.

80. Il est à propos d'étudier l'ancienne tactique
navale pour se pénétrer des changements qu'elle
est appelée à subir par suite de l'application de la

vapeur à la propulsion des navires. Auteurs qui
en ont traité.

81. La tactique navale comprend deux ordres
de marche fondamentaux : la marche en avant et
la marche en retraite. 82. Les six ordres de marche admis depuis Paul Hoste. 83. Changements
qu'ils subissent quand le vent vient à changer et
moyen de rétablir l'ordre.

84. L'ancienne ligne de bataille. 85. Raisons
qu'on a eues de l'adopter. 86. Avantages de l'attaque au vent. Divers exemples. 87. Batailles navales de 1653 et 1665 devant le Texell. Combat de
Stromboli 1676. Affaires des 9 et 11 avril 1782,
aux Saintes. *Rodney*. 88. Attaque sous le vent. Les
batailles par entraînement sont presque toujours
désavantageuses. On a sa retraite ouverte. Avec la
supériorité de marche, on ne sait jamais bien en
quel point on coupera la ligne de l'ennemi.

89. Couper la ligne ennemie ; moyen de conserver la distance des vaisseaux : pourquoi Byng fut
battu le 20 mai 1746. Détails sur la bataille navale
du 1er juin 1794. L'épisode du *Vengeur*. Combat
du cap Saint-Vincent. Affaire de Keppel en 1778
sous Ouessant, celle de Robert Calder en 1805.

90. Il est fort à propos de ménager le combustible

sur les flottes à vapeur ; toutes les routes de l'O-
céan leur sont ouvertes : sur une flotte à vapeur,
tout dépend de l'habileté du chef dans la stratégie
maritime.

91. Une flotte à vapeur coupée peut rendre la pareille à son adversaire. Tandis qu'une flotte à voiles
a sans cesse des hommes aux bras et boulines, et
les escouades diverses pour réparer les avaries, une
flotte à vapeur a tout son monde disponible pour le
service de l'artillerie, attendu qu'elle combat les
voiles serrées.

92. Une flotte à vapeur qui sait manœuvrer, et
qui a la supériorité de vitesse, est toujours placée
comme si elle était au vent : Autorité de *Guibert*
invoquée. — Pendant le combat, on doit se borner
à marcher assez vite pour pouvoir gouverner de
manière que l'artillerie ait toute son efficacité.

93. Il serait extrêmement préjudiciable de n'a-
voir plus de charbon le matin d'un combat.

74. Utilité des combinaisons stratégiques pour le
ravitaillement des flottes à vapeur et leur approvisionnement de charbon. Les vaisseaux à vapeur
doivent être munis d'une voilure complète.

95. Les vaisseaux d'une flotte à vapeur devraient
avoir une vitesse uniforme : exemple de la flotte de

lord Duncan à Camperdown. Tableau des 25 vaisseaux à vapeur de la flotte anglaise, à la fin de 1858.
Réflexions. L'Instruction officielle sur la tactique
navale du ministère de la marine et M. Jurien de
la Gravière, cités.

96. Pourquoi il ne serait pas à propos de mettre
les plus mauvais marcheurs au centre des lignes
pour faire les changements de front.

97. Le nouvel art de la stratégie maritime à vapeur découle naturellement de la nécessité de pratiquer exclusivement sous vapeur les évolutions des
flottes combinées de vaisseaux mixtes et de steamers.

98. Les vaisseaux à vapeur doivent avoir con-
stamment leur hélice en état. L'hélice des vaisseaux peut se comparer à la mèche des obus dans
un bombardement. Une seule hélice paralysée peut
faire manquer une opération militaire.

99. Au commencement d'une action, il est à
propos de pointer sur la mâture de l'ennemi, afin
de faire tomber quelques débris de gréement qui
embrouillent son hélice. Aussitôt le combat fini, il
faut mettre à la voile pour ménager le combustible. Réfutation de quelques paradoxes imaginés
par Paixhans et quelques auteurs militaires.

100. Une mer unie et peu de vent sont des conditions avantageuses pour l'efficacité du tir dans un
combat à vapeur. Le Traité de *Paul Hoste* invoqué.
Comparaison entre le tir sous voiles et le tir sous
vapeur.

101. Il serait avantageux aux flottes à vapeur
d'adopter une tactique analogue à celle suivie dans
les armées. Toutes les manœuvres préliminaires
ont pour but de se former de la manière la plus
simple et la plus expéditive en ordre de bataille, en
masquant le plus possible ses plans à l'ennemi.
— *Guibert*, cité.

102. Les flottes à voiles ne pouvaient guère dissimuler leurs plans d'attaque : il fallut plus de
quatre heures à sir Edward Hughe pour s'apprêter
à parer une attaque du bailli de Suffren.

103. Manœuvres à faire pour former en ligne,
sur la colonne du centre, une flotte à voiles ou une
flotte à vapeur, en les supposant l'une et l'autre
rangées sur trois colonnes.

104. L'ordre de bataille sur une seule ligne doit
être remplacé par un ordre en échelons, tel que le
commandant en chef puisse embrasser d'un coup
d'œil tous les vaisseaux de sa flotte et leur signaler
les manœuvres à faire.

105. Depuis la guerre des Sept ans, les armées de terre ont abandonné la formation rude et primitive des combats en lignes parallèles. Frédéric II à Rosbach ; Napoléon Iᵉʳ à Austerlitz. Il faut que les officiers de marine de la vieille école renoncent à leurs préjugés. — En Angleterre, l'amiral Bowles, 1846 ; en Amérique, le commodore Dalhgren (*Obus et canons obusiers*), ont exprimé la même idée.....

106. A l'exemple des armées de terre, qui marchent sur autant de colonnes qu'il y a de chemins aboutissant à l'endroit où elles doivent se déployer en ordre de bataille, les flottes devraient se diviser par divisions en échelons, dans lesquelles chaque vaisseau représenterait un bataillon de l'armée de terre.

107. Toutefois, une flotte à vapeur marchant parallèlement à l'ennemi, opère un mouvement de flanc et est en ligne de combat... Il n'en est pas de même pour une armée.

108. Chaque colonne d'une flotte à vapeur devrait être formée sur deux lignes en échelon faisant entr'elles un angle de 90°, huit pointes ; le vaisseau substitué doublure de l'amiral est au sommet de l'angle.

109. Plan général de marche d'une flotte à va-

peur pour être en mesure de recevoir ou d'ordonner une attaque.

110. L'ordre en échelon est la meilleure base de
la tactique à vapeur. *Guibert, Bouët-Willaumez.*

111. On devrait l'appliquer aussi pour le mouillage des vaisseaux.

112. Les deux lignes de relèvement en échiquier
des anciennes flottes à voiles : il existe un secteur
de 135° dans le vent, sur lequel les vaisseaux à
voiles ne peuvent accomplir aucun mouvement
direct.

113. Exemple d'une flotte à voiles qui pourrait
être anéantie impunément par une flotte à vapeur
qui l'attaquerait dans le secteur précité, le vent au
nord.

114. L'ordre de retraite sur deux lignes de relèvement, faisant entre elles un angle de 135°, offre
une grande défense réciproque sur l'arrière et sur
le côté des vaisseaux. C'est par erreur qu'on lui
donne une date récente. Paul Hoste le donne
comme ayant été pratiqué par Van Tromp, dans la
bataille au large de Portland en 1653. Avec des
vaisseaux à vapeur, on pourrait rapprocher les ailes
qui étaient trop ouvertes à cause des nécessités du
vent.

116. L'ordre de formation sur une ligne de relèvement a été pratiqué par lord Howe, la veille
de la bataille navale du 1ᵉʳ juin 1794, ce qui l'a
obligé de différer l'attaque ; car c'était un ordre fort
difficile pour une flotte à voiles. Réflexions sur les
grandes flottes employées dernièrement dans la mer
Noire et la mer Baltique.

117. L'ordre de formation en double échelon
est seulement défensif pour une flotte à voiles : il
peut être aussi offensif pour une flotte à vapeur.

118. On peut comparer les formations en double
échelon à l'ouvrage de fortification appelé redan,
aux lignes de redans avec cremaillères. Dans quel
cas il faut employer l'angle de 60° pour se former
en échelon : l'angle devrait être ordinairement de
9°. Figure 8.

119. L'Essai de Guibert sur la tactique des armées, et la tactique navale de Paul Hoste, sont
deux autorités qu'il faut combiner à l'avenir pour
assimiler les opérations des flottes à vapeur aux
manœuvres des armées en campagne, avec cet avantage pour les flottes de ne pas être gênées par les
inégalités du terrain.

120. La tactique militaire, en campagne, fait
découler plusieurs de ses principes de l'art des for-

tifications (*Guibert*). Il faut, et on peut appliquer aux flottes à vapeur les principes de défense réciproque usités dans les forteresses. Les vaisseaux à vapeur s'avancent toujours en ordre parallèle.

121. La formation en échelon, pour l'attaque ou la défense, est toujours possible et même facile.

1° Parce qu'à tout instant les vaisseaux peuvent comparer leur compas au moyen des signaux ;

2° Parce que, dans cette situation, les vaisseaux font feu de toute leur artillerie, sans courir le risque de s'incommoder réciproquement.

3° Parce qu'ils ne courent pas le risque d'embrouiller leur hélice dans des débris de cordages, d'espars.

122. On peut comparer des vaisseaux rangés en échelon à une ligne de retranchements en crémaillères ou à une ligne d'infanterie composée de carrés obliques. La partie faible d'un vaisseau est protégée par la partie la plus forte du vaisseau voisin.

123. Il serait à propos d'appareiller les petits steamers dont les canons sont répartis sur l'avant et sur l'arrière. En les faisant agir par paires, ils seraient plus redoutables qu'un bâtiment unique qui aurait à lui seul une force égale à la leur.

124. L'arrière des vaisseaux à hélice est leur

point faible : il n'y a point de point mort dans une flotte de vaisseaux à hélice rangés en échelon.

125. Quand une flotte est formée en échelon, tous les canons du bord qui combat devraient être pointés sur l'avant du travers par un tir convergent, de manière à tomber d'aplomb sur les murailles de l'agresseur. Tous les sabords du bord qui combat devraient être garnis de canons.

Une flotte de vingt vaisseaux de ligne, rangés sur la ligne de bataille ordinaire, aurait cent cinquante canons complètement paralysés. Il serait temps, et il serait avantageux pour l'intérêt national que la marine renonce en principe à ce mode de formation défectueux, abandonné depuis longtemps dans les armées de terre.

126. Les mouvements des flottes à vapeur ne sont pas limités à une seule ligne de relèvement ni à un seul ordre de bataille.

127. Une inclinaison de 45° sur la ligne de relèvement donne aux vaisseaux le tir le plus efficace. Si l'ennemi attaque perpendiculairement à la ligne du relèvement il s'expose à un feu d'enfilade, bien que les canons soient tous pointés obliquement.

128. Une flotte rangée en échelon, qui serait attaquée par la hanche de tribord, aurait une force

militaire immense, à cause du feu convergent de
ses batteries arrière et de tribord.

129. Des vaisseaux en échelon n'ont à redouter
qu'un moment d'être pris en enfilade, parce qu'ils
peuvent toujours rendre la pareille à l'ennemi.

Peut-être retardera-t-on l'adoption de l'ordre de
combat en échelon, sous prétexte qu'il est théorique.. — Le fait est qu'il est appliqué souvent et
même préconisé comme ordre de retraite pour les
vaisseaux à voiles. A moins qu'on ne démontre que
l'ordre de retraite adopté est vicieux en principe et
restreint dans son application, on est forcé de con-
venir que la vapeur a l'avantage de le généraliser.
— L'ordre oblique aura encore l'avantage de mettre à l'abri du feu de l'ennemi l'arrière des vaisseaux à hélice, qui est leur partie la plus compro-
mettante.

130. Exemple d'une flotte de plus de vingt vaisseaux de ligne à vapeur, rangés en bataille pour
défendre un passage. — Ils forment deux ailes en
échelon à 45°, et un petit échelon double au milieu, tandis que le corps de bataille de la flotte est
formé en ordre parallèle sur la ligne du travers.
Cette formation donne l'idée d'un grand front de

fortification flottante, avec ses courtines et ses bastions, etc.

131. Les flottes à vapeur devront avoir des postes avancés de petits steamers rapides, soutenus par des frégates qui se replieraient sur le corps de la flotte en se formant en échelon; ils donneraient l'éveil sur les projets de l'ennemi et viendraient se former de l'arrière en tournant les flancs ou en traversant l'armée. Les éclaireurs des anciennes flottes à voile étaient souvent compromis.

132. La formation d'une flotte en échiquier sur deux lignes parallèles est avantageuse pour la marche, mauvaise pour le combat. Il vaudrait mieux n'avoir qu'une seule ligne plus serrée, mais soutenue par une réserve.

133. Quand des vaisseaux à voiles ont doublé une ligne ennemie, il est difficile de les maintenir dans une position telle qu'ils ne soient pas en danger de tirer l'un sur l'autre.

Remarques sur les batailles du Nil et de Trafalgar.

134. A Aboukir, Nelson doubla avec onze vaisseaux les sept vaisseaux qui étaient à l'ancre sur l'avant de leur amiral. Comment il s'aperçut à

l'instant qu'il devait y avoir passage pour sa flotte entre les vaisseaux de tête et l'île de sable. Il attaque à cinq heures du soir. L'amiral français avait serré sa ligne d'embossage pour l'écraser le lendemain matin. Nelson embossé ses vaisseaux par l'arrière en les mouillant. La grande faute qu'on est en droit de reprocher à l'amiral français, est de ne pas avoir appareillé aussitôt qu'il aperçut la flotte anglaise.

135. Comment une flotte à vapeur résisterait à une attaque comme celle d'Aboukir. Nelson a appliqué la grande maxime de guerre consistant à faire affluer sur un point faible de l'ennemi, des forces supérieures pour l'écraser. Réflexions et hypothèses.

136. Combien il serait hasardeux de vouloir traverser une ligne en échelon : feux qu'aurait à essuyer un vaisseau qui tenterait l'entreprise.

137. Une flotte à voiles, laissant porter directement ou obliquement sur une ligne ennemie, était exposée à un feu d'enfilade. Lord Duncan à Camperdown. Nelson à Trafalgar.

138. La bataille de Trafalgar examinée au point de vue de la tactique. Il paraîtrait, d'après le rapport de Collingwood, que Villeneuve aurait essayé

de ranger sa flotte en ligne de bataille sur deux lignes de relèvement ayant leur sommet sous le vent,
ce qui lui aurait permis de concentrer le feu de tous
ses vaisseaux sur la ou les divisions d'attaque. C'é-
tait un commencement d'ordre en échelon. Il manqua par suite d'une imperfection de la voile, mais
il était excellent.

139. Les divisions de Nelson et Collingwood, filant seulement un mille et demi par heure, mirent
quarante minutes à arriver sur la ligne française.
Leurs vaisseaux auraient été mis en morceaux, si
l'artillerie française avait été passable. Réflexions
de l'amiral Jurien de la Gravière.

140. Une flotte à vapeur attaquerait l'arrière-
garde ennemie sur deux divisions parallèles.

141. Avec de nouvelles ressources, on imaginera
de nouveaux plans d'attaque ; l'essentiel est d'avoir
la supériorité de vitesse. On ne rencontrera plus de
formation aussi défectueuse que celle d'Aboukir.

142. C'était un mode d'attaque formidable que
de doubler l'ennemi par l'arrière. Avec des vaisseaux à vapeur, on pourra contrecarrer la manœuvre en faisant doubler sa propre réserve sur l'ennemi, ou bien, si l'on veut prendre soi-même l'offensive, en se mettant en travers en échelon, avec

le corps de la flotte et la réserve formés en trois divisions.

143. C'est dans une action offensive et non dans la résistance qu'on rencontre la victoire.

144. Une flotte à vapeur peut s'avancer en ordre parallèle sur la ligne du travers, et se former en échelon pour ne pas être enfilée en approchant de l'ennemi. La trajectoire du boulet, en raison de sa courbure, ne permet pas d'être enfilé quand on est éloigné.

145. Quand des vaisseaux se sont approchés assez près, dans l'ordre en échelon, ils peuvent se ranger sur une ligne de file pour attaquer obliquement la ligne ennemie.

146. L'attaque oblique est le moyen le plus efficace d'appliquer ce principe de la tactique moderne, qui consiste à amener sur un point une masse de forces capable d'y écraser l'ennemi.

147. L'attaque oblique s'opère sur une ligne de file, ou bien en ordre parallèle, sur une ligne de relèvement qui constitue l'obliquité. Sur la surface unie des mers l'angle d'obliquité devrait toujours être de 45°.

148. Pour combattre en ligne oblique, il est à propos que les vaisseaux soient rangés à la file, au-

trement, ils seraient aussi exposés à être enfilés qu'en s'approchant en ordre parallèle sur la ligne du travers.

149. L'attaque oblique peut s'opérer sous un angle aigu ou sous un angle obtus : dans le deuxième cas, on l'appelle attaque croisée.

Inconvénients des combats sur des lignes de bataille parallèles. Affaire de Keppel, devant Ouessant, en 1778.

150. Une colonne profonde, attaquée par la tête (c'est le cas d'une flotte rangée en bataille sur une ligne de file), est dans la même situation qu'une ligne attaquée à son extrémité.

151. Dans l'attaque croisée, il est essentiel de primer l'ennemi de vitesse.

152. Exemple de la bataille du cap Saint-Vincent, le 14 février 1797, où l'avant-garde anglaise devançant l'avant-garde espagnole, la doubla et lui prit trois de ses plus beaux vaisseaux.

153. Le désordre mis dans l'avant-garde d'une ligne est un succès capital, car il reflue sur toute la ligne. Il n'en serait pas de même pour l'arrière-garde.

Avantages de la formation en échelon pour l'attaque.

154. Une flotte partagée en plusieurs divisions rangées en échelon, peut faire des démonstrations qui trompent l'ennemi et l'induisent à de fausses manœuvres, dont on profite à l'instant.

155. Exemple d'une flotte en échelon attaquant une flotte rangée en ligne de file, et menaçant alternativement son avant-garde et son arrière-garde, de manière à tenir l'ennemi dans l'incertitude sur le point d'attaque.

156. Quelque plan que l'on adopte, il est essentiel de savoir ce que l'on a à faire et comment on doit le faire, afin de pouvoir faire prendre une initiative vigoureuse au moment favorable, et de poursuivre les succès sans aucune hésitation. — L'ennemi peut vouloir engager une lutte d'habileté dans la manœuvre. — Il faut le forcer au combat quand il s'est mis dans une position désavantageuse ; par exemple, quand il s'est trop étendu. Fig. 8, art. 109. Les frégates et corvettes, soutenues par la réserve, sont employées à dissimuler une feinte qui a pour objet de couper la ligne ennemie par le milieu et

de doubler son arrière-garde. La moitié de la flotte
ennemie pourrait être capturée ou détruite.

Vaisseaux à vapeur.

157. C'est une opération difficile et dangereuse
que de renverser une ligne de vaisseaux à vapeur
sous le feu de l'ennemi, mais qui peut être une nécessité de premier ordre. *V*. art. 91.

158. Description et inconvénient de l'opération
par un mouvement successif. Tous les vaisseaux décrivent des courbes plus ou moins prolongées pour
conserver leurs positions respectives sur le cap opposé. Manœuvre : chaque vaisseau exécutant le
mouvement en deux temps d'un quart de révolution chacun, l'avant-garde devient arrière-garde,
et réciproquement. — Les ailes de la division ont
clubé (*clubbed*).

159. L'auteur n'a pas voulu prescrire des types
d'opérations maritimes, mais établir des principes
généraux de tactique navale, que chaque commandant doit connaître, tout en ayant une grande lati-
tude dans la manière de les appliquer.

160. — Les abordages. — Dans les mêlées de
vaisseaux suscitées par la nouvelle stratégie, il y

aura nécessairement des rencontres de vaisseaux,
et, par conséquent, des abordages. Il faut renforcer
la garnison des vaisseaux et se précautionner d'en-
gins appropriés aux circonstances.

161. Un pont volant aura son utilité tout aussi
bien que des cloisons garnies de meurtrières sur
l'avant et l'arrière des vaisseaux. Des regards dans
les postes à canon pour y mettre des tireurs Minié.
— A Sébastopol, ces tireurs démontaient les chargeurs dans les embrasures. Mantelets volants en
corde imaginés par les Russes pour garantir leurs
hommes. Dimension des sabords actuels agrandis.

162. Opinion des amiraux de la Susse et de La
Gravière, relative aux garnisons et aux abordages.

163. Pour obtenir des victoires fécondes, les
flottes à vapeur doivent avoir leur propulseur en
bon état, à la fin du combat.

Résumé.

164. L'ordre de bataille sur une seule ligne à la
file est très-défectueux. Art. 84, 106, 125, 150.
Au moyen d'une attaque oblique, on peut capturer
détruire une portion quelconque de la flotte ennemie rangée dans cet ordre. On peut renforcer la

ligne principale avec une ligne de réserve qui paralyserait l'attaque de l'ennemi et la ferait tourner contre lui-même. Art. 142. Avantage de l'ordre de marche parallèle sur la ligne du travers quand on n'est pas trop rapproché de l'ennemi. Art. 107.

L'auteur insiste sur la formation en double échelon. Art. 128. Elle donne le moyen de convertir promptement un ordre offensif en ordre défensif, et *vice versâ*.

Quand, pour avancer ou battre en retraite, des vaisseaux sont rangés sur deux lignes de relèvement, formant entre elles un angle de 90° degrés et même plus, leur situation est particulièrement avantageuse. Art. 114, 118, 150.

165. Une flotte divisée en deux colonnes ou plus, formées en échelon, peut diriger une partie de ses forces sur la partie la plus faible, et tromper l'ennemi sur ses intentions au moyen d'une fausse manœuvre. Art. 154.

Dans l'ordre en échelon, le feu des batteries avant ou arrière se croise avec celui des batteries de côté, et procure, par ce moyen, une grande défense réciproque.

Ce principe de défense réciproque reçoit une grande application dans une flotte, quand on éta-

blit deux lignes de vaisseaux en échelon aux extrémités d'une ligne de défense, et qu'on forme une
double ligne en échelon sur le centre, avec un
nombre impair de vaisseaux. Art. 130.

Attaque des forteresses. Bateaux à vapeur par les bas fonds. Victoires décisives.

166. La remorque par l'avant, attaque de Tanger, 1844. L'attaque de Sébastopol, le 17 octobre 1854, remorque accouplée. Les canonnières à
fond plat, de 200 pieds de long, commandées pour
la Baltique et la mer d'Azof. L'auteur expose ses
idées sur les dimensions les plus convenables pour
une bonne canonnière à vapeur.

167. Les principes de tactique exposés ci-dessus,
rencontreront naturellement des difficultés dans
leur application au service de la flotte. Si l'on pro-
cède par études progressives pour les officiers et les
marins, on arrivera à exécuter convenablement les
manœuvres les plus compliquées. Dans la pratique,
il faut laisser beaucoup à l'initiative du jugement
individuel de l'officier chargé de l'exécution.

On recommande encore l'étude de la figure 8,
art. 109. Il faut se garder toutefois de croire que

l'on puisse jeter dans un moule les ordres et formations qu'un général peut avoir à pratiquer dans
un combat.

168. Quand un ennemi a été battu sur terre,
mille obstacles le dérobent à la vue et lui permettent de s'échapper. Sur mer, le marin a son hamac
et sa cambuse à sa portée ; la vue est ouverte de
tous côtés. Rien ne s'oppose à ce qu'une flotte ne
recueille les fruits d'une victoire tactique qu'elle
aurait remportée ; et l'amiral n'aurait fait son devoir qu'à moitié, s'il se bornait à un succès stérile.

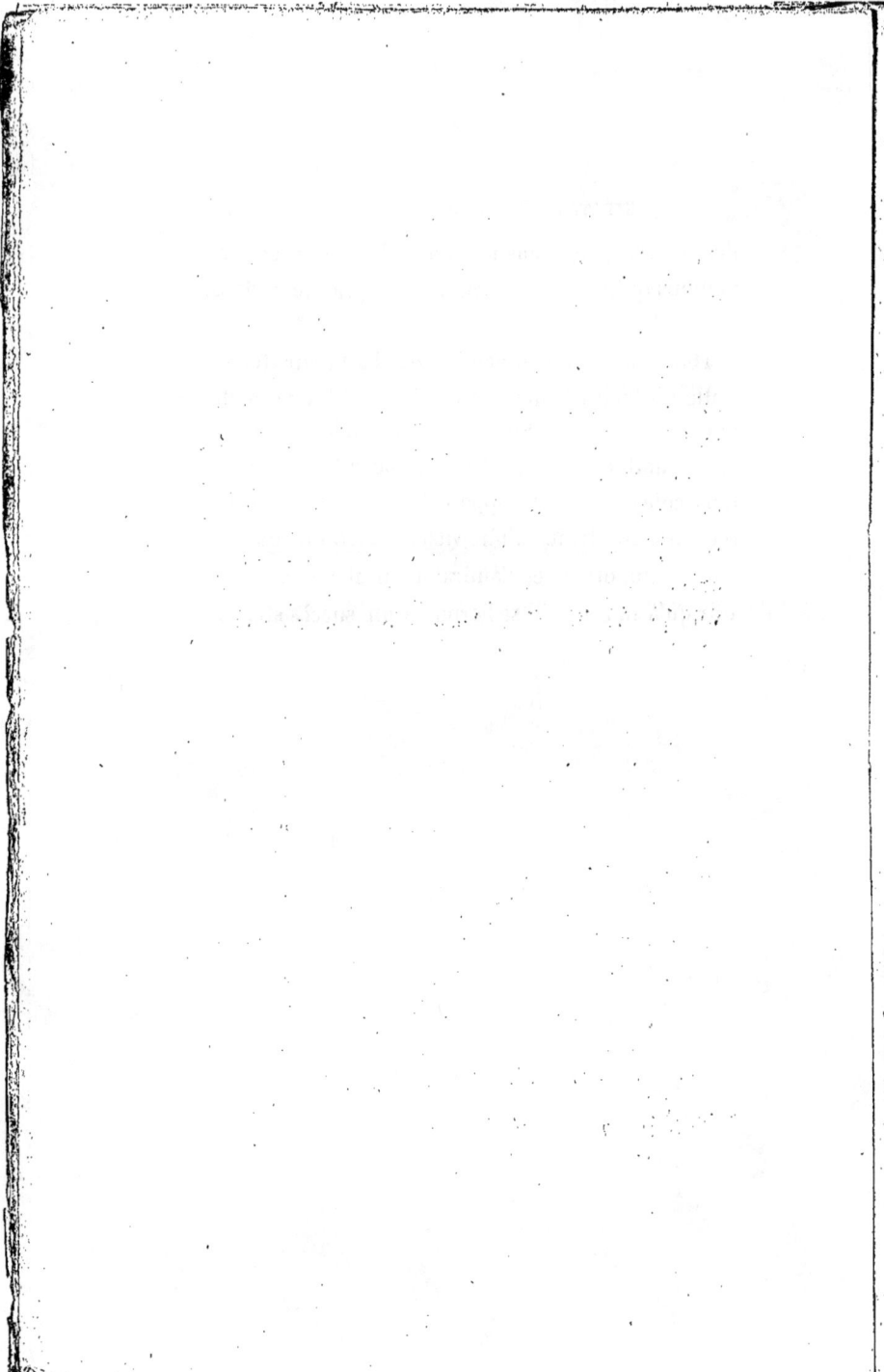

TABLE DES MATIÈRES.

FIN DE LA TABLE.

Sceaux. — Imprimerie de E. Dépée.

OUVRAGES NOUVEAUX. — 1862.

Stratégie maritime à vapeur, du général sir Howard Douglas. Ouvrage traduit de l'Anglais, avec permission de l'auteur, par FRANÇOIS-XAVIER FRANQUET, lieutenant de vaisseau en retraite. 1 vol. in-8., avec la planche des 27 figures de la stratégie maritime, prix . . . . 9 fr.

Expériences de tir faites à Juliers, en septembre 1860. Compte-rendu offert aux officiers de toutes armes, par G. WEIGELT, capitaine de la brigade d'artillerie de Brandebourg. — Traduit de l'Allemand, par THÉODORE PARMENTIER, ancien élève de l'Ecole Polytechnique, chef de bataillon du génie, officier de la Légion d'honneur, etc., etc. In-8, avec 10 planches, dont 7 vues dessinées d'après les épreuves photographiques. Prix 12

Examen de la brochure pourquoi l'Autriche a-t-elle été vaincue? De A. D. A. suivi de discussions sur quelques-unes des causes de la perte de la bataille de Solférino. — Traduit de l'Allemand, par J. PAULET, in-8. Prix 5

Rapport au Secrétaire d'Etat de la guerre sur le résultat des recherches entreprises à Woolwich et à Chatam sur l'application de l'électricité de différentes sources, à l'explosion de la poudre, par C. WHEATSTONE, Esq., F. R. S., professeur de physique expérimentale au collège Royal, à Londres. Et F.-A. Abel, Esq., F.-R.-S., chimiste du département de la guerre. — Traduit de L'Anglais, par F.-J.-A. Martenot, chef d'escadron d'artillerie. In-8., avec planches. 5

STRATÉGIE MARITIME. 18

**Sur la forme de la partie antérieure des pro-
jectiles allongés.** Par W.-H. de Rouvroy, lieutenant-général Saxon. Traduit par Rieffel, ancien professeur aux écoles impériales d'artillerie. In-8. . .   2

**Organisation administrative de la marine
militaire en Russie,** par J. Paulet. In-8. . .   2

**Recherches sur l'organisation du corps du
génie en Angleterre,** par C. Heydt, capitaine à
l'état-major du génie. In-8. Prix.   3

**Considérations sur la constitution du fer, de
l'acier et de la fonte, et application à la fa-
brication de l'acier et de la fonte à bou-
ches à feu,** par le baron Sobrero, lieutenant-général
d'artillerie en retraite, de l'Académie des Sciences de
Stockholm, ancien élève de l'Ecole Polytechnique. —
Première partie. In-8. Prix.   2

**Instruction pratique pour l'usage du Pendu-
le balistique à induction,** par Martin de Brettes,
chef d'escadron d'artillerie, et professeur de Sciences
appliquées, à l'Ecole d'artillerie de la garde impériale.
In-8, avec trois planches et tables de l'appareil; Prix.   15

Sous presse.

**Nouvelles études sur l'arme à feu rayée de
l'infanterie,** par Guillaume de Plœnnies, lieutenant
en 1er au 3e régiment d'infanterie de la Hesse-Grand'Duca-
le. Traduit de l'allemand par Rieffel, ancien professeur
aux Ecoles impériales d'artillerie. 1 vol, in-8, avec 15
planches contenant 87 figures.   15

Sceaux, imprimerie de E. Dépée

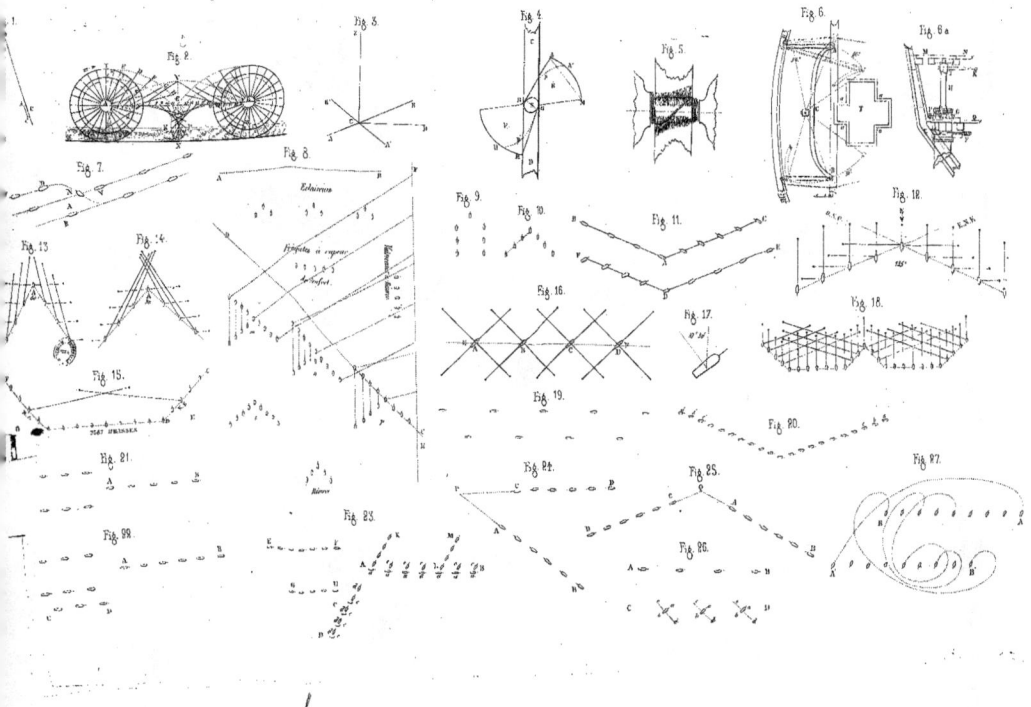

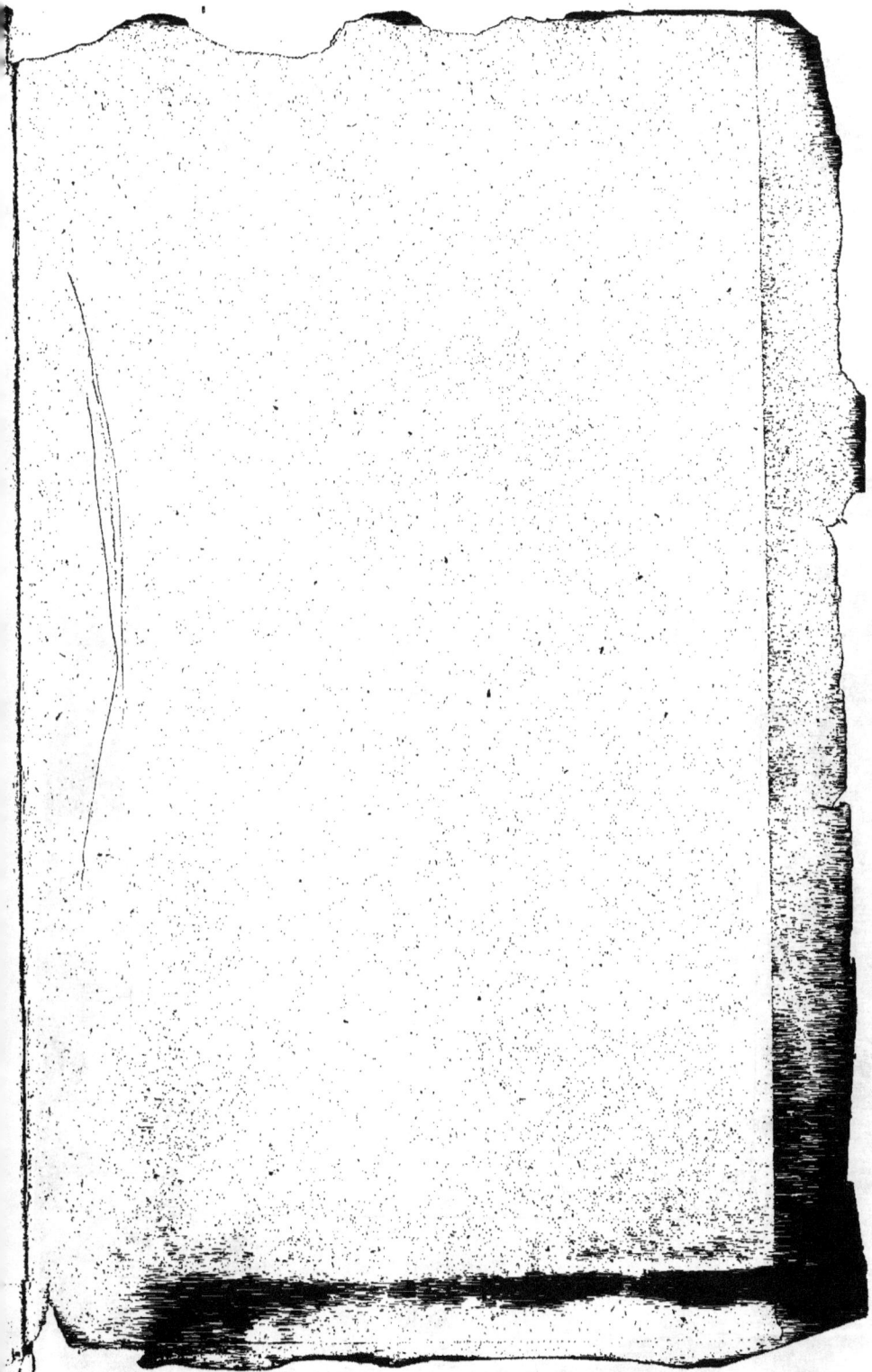

SCEAUX. — TYPOGRAPHIE E. DÉPÉE.